The Teaching of International Chinese Starts From Here

Cases and Analyses of the Teaching of International Chinese in Primary and Secondary Schools

国际汉语教学从这里开始

中小学国际汉语教学案例与分析

陈琪　倪慧君　/主编

北京大学出版社
PEKING UNIVERSITY PRESS

HSK
HSK Centre (Crestar)
汉语水平考试中心（科思达）

图书在版编目（CIP）数据

国际汉语教学从这里开始：中小学国际汉语教学案例与分析 / 陈琪，倪慧君主编. —北京：北京大学出版社，2019.5

ISBN 978-7-301-29879-4

Ⅰ. ①国… Ⅱ. ①陈… ②倪… Ⅲ. ①汉语—对外汉语教学—教案（教育） Ⅳ. ①H195.3

中国版本图书馆CIP数据核字（2018）第208404号

书　　名	国际汉语教学从这里开始：中小学国际汉语教学案例与分析 GUOJI HANYU JIAOXUE CONG ZHELI KAISHI：ZHONG-XIAOXUE GUOJI HANYU JIAOXUE ANLI YU FENXI
著作责任者	陈琪　倪慧君　主编
责任编辑	路冬月　宋思佳
标准书号	ISBN 978-7-301-29879-4
出版发行	北京大学出版社
地　　址	北京市海淀区成府路205号　100871
网　　址	http://www.pup.cn　　新浪微博：@北京大学出版社
电子信箱	zpup@pup.cn
电　　话	邮购部 010-62752015　发行部 010-62750672　编辑部 010-62753374
印 刷 者	涿州市星河印刷有限公司
经 销 者	新华书店
	889毫米×1194毫米　16开本　15.25印张　322千字
	2019年5月第1版　2019年6月第2次印刷
定　　价	46.00元

序

在最近十余年间，很多国家整体的汉语教学取得了令人可喜的进展。在一些国家和地区，汉语教学开始逐渐进入基础教育外语教学主流，加入到语言教学政策中。汉语双语教育和国际学校的汉语教学近几年有了显著而迅速的历史性发展。

与此同时，汉语教学也面临着如何可持续发展的挑战，所以各地区汉语学校、机构、教学同仁之间的交流和学习尤其重要。这一新的情况也带来了新的问题、新的挑战。

汉语教学可持续发展以及汉语能成为国际性语言，取决于汉语教学学科化，即汉语能被列为多数国家基础教育的正规科目，能成为具有正式发布的教学大纲的学科。在一定程度上，这一学科化过程应以国际学校为先进试验田。

汉语作为第二语言教学界中，基础教育体制中的小学、初中和高中，经常被视为一个教学级别而笼统称为“中小学”。但是，从语言习得的角度看，无论是对于“活语言”（仍被使用的语言）还是“死语言”（不再被使用的语言，如拉丁语）来说，由于语言习得者认知能力上的差异和不同阶段之间“认知门槛”的存在，小学阶段与初中、高中阶段的习得者之间存在着明确的界限。而对汉语的认知差异是划分小学汉语习得者和中学汉语习得者之间第一道分界线的重要参照依据之一。“中小学”这一说法，已成为了较流行的成见，是认知判断上的重大偏离。同时，这一提法也反映出汉语作为第二语言教学界往往忽略了基础教育中汉语教学的重要性，而基础教育中的汉语教学是汉语作为第二语言教学学科的基础。纵观欧洲各国外语教育发展史，其外语教学法的发展与进步均得益于基础教育或非专业教学中教学法的实践、积累与进步。以法国为例，高等教育中专业汉语教学的教学法至今仍停留在传统的“语法—翻译”阶段，而并没有“与时俱进”的发展。反观在初中及高等教育的非专业汉语教学中，教学法得以更好地发展，新的教学及评估模式被采用，如任务型教学法（Task-based Teaching Approach）和博客教学（Podcasting Learning）等。《国际汉语教学从这里开始——中小学国际汉语教学案例与分析》一书以具体课堂教学案例帮助我们认识到中学和小学教育的特殊性。

目前，汉语第二语言教育处于一个重大的转折时期，像其他外语教学学科建设一样，应该把基础教育的外语教学作为学科建设最紧要的环节，也应该认识到基础教育的外语教学的理念应包括三个目标：即培养智力、了解其他国家的文化和培养外语的交际能力。以这三个教学目标作为标准去衡量汉语的价值，会证实汉语的价值和地位远超现有认知。学习汉语是深入了解中国丰富灿烂的传统文化的一把金钥匙，也是为了培养跨语言意识和跨文化意识。另一个重点在于加强基础教学本体研究，比如进一步探讨如何把汉语作为非字母文字语言融入“内容与语言整合型学习”（Content and Language Integrated Learning，CLIL）教学模式。该模式重点在于了解各个学科在与外语结合时是否同样会有效果。用外语教授的学科可分为以下几种类型：

内涵型学科：这类学科包括不同的文化层次，因此范围较广。其中最具代表性的学科是历史和地理。

外延型学科：这类学科在教学中侧重术语的定义和相互关系。理科科目属于这一类（数学、物理、化学、科学以及生物）。

行动型学科：这类学科能使学习者尽快掌握表达能力，其本质在于实践，如体育。

除了以上整合型学习，我们学科建设应该加强基础教育师资培训，也应该加强案例研究。案例研究适合学科教学论的本质。

这正是汉语水平考试中心（科思达）成功举办三届国际学校汉语教学研讨会的深刻意义所在，而且是《国际汉语教学从这里开始——中小学国际汉语教学案例与分析》的重大价值所在。

世界汉语教学学会副主席
欧洲汉语教学学会主席
法国教育部首任汉语总督学
白乐桑
2018年2月10日于巴黎

前言

随着世界各地中小学纷纷开设汉语课程，一些传统的教学法理论已无法满足这前所未有的国际汉语学习热潮，所以许多一线老师和专家学者开始关注中小学国际汉语教学的真实案例，力求从大量典型的教学案例中研究学生学习和习得的规律，不断地积累与探讨，进而研发了一系列对中小学国际汉语教学具有有效帮助的教学法，这不但可以补充中小学国际汉语教学的理论研究，也将对教学实际提供富有成效的指导，进一步推动国际汉语教育事业更加蓬勃地发展。

秉持着这样的信念，在中国国家汉办/孔子学院总部“汉语桥基金”的资助下，我们汉语水平考试中心（科思达）于2016年在全球首创性地举办了“中小学国际汉语教学案例与分析”征文大赛，得到了积极的反响。来自全球17个国家和地区近百篇征文作品给了我们信心和鼓舞。经过海内外知名国际汉语教学专家老师的专业评审，我们评选出了15篇获奖作品。为了搭建中小学国际汉语老师分享和交流真实教学案例的平台，同时帮助有志于从事国际汉语教学的新老师充分了解中小学国际汉语教学的真实课堂，以及有关国际汉语教学的各类真实个案，我们将征文作品中的50篇优秀作品整理成册，除此之外，我们还特别向10位新加坡国际学校中文部主任/资深中文老师约稿，以此结集出版了这本《国际汉语教学从这里开始——中小学国际汉语教学案例与分析》。

本书所选编的案例主题丰富，且涵盖的国家范围广泛，其中包括新加坡、新西兰、中国、美国、加拿大、英国、芬兰、马来西亚、印度尼西亚、文莱、泰国、韩国及约旦等13个国家。

- **本书的结构、特色、亮点：**

我们将所结集的教学案例分为六章。

第一章为“教学导航”，10位国际学校中文部主任/资深中文老师，从他们多年国际汉语教学生涯中各选取了一篇典型性的教学案例进行思考与分析。这10篇案例分析具有为国际汉语教学导航的价值和意义，是本书的特色之一。

为了配合中国国家汉办/孔子学院总部所主办的《国际汉语教师证书》考试，同时也为了方便读者更有针对性地读取教学案例，我们参照《国际汉语教师证书》考试标准，将50篇优秀征文作品划分为五个部分作为本书的第二章至第六章，分别为：第二章“语言要素教学”（5篇）、第三章“语言技能教学”（11篇）、第四章“教学活动组织与设计”（15篇）、第五章“课堂管理”（10篇）、第六章“文化教学与跨文化交际”（9篇）。

需要说明的是，在征文比赛活动中，我们也收到了几篇大学和幼儿园的教学案例，虽然教学对象不属于“中小学生”，但参赛者渴望分享教学案例的热情感染了我们，而且所分享的教学案例与分析同样适用于中小学汉语教学，所以我们也一并收入本书中。

为了通过真实的教学案例给一线老师更清晰更全面的思考维度，我们特邀具有三十多年国际学校中文教学和管理经验的香港英基学校协会前中文课程总监王小平博士，以及拥有二十多年国际学校教学和管理经验的新加坡德威国际学校前中文部主任朱文红老师为50篇案例进行“专家点评”。如果说教学案例本身打开了中小学国际汉语教学现场的一扇扇门窗，细读两位专家精彩的点评，如放大镜一般，使我们对教学案例有了更深刻的认识和理解，甚至有时还有惊喜。点评不仅专业剖析了教学现象，也可以帮助读者直观地了解当今国际学校汉语教学与研究的热点和发展方向。所以，我们甚为骄傲地说：精彩的“专家点评”是为本书的亮点和另一特色。

- **案例的体例及相关内容：**

无论是征文及评选过程，还是整理和编辑本书文稿的过程，我们特别重视案例的真实性、典型性和针对性，中小学国际汉语教学的成功，不但取决于课堂教学的实施，更与学生的具体情况密切相关，所以本书案例的基本体例及内容如下：

1. 教学地点：主要指教学案例所在的国家及城市。

2. 教学对象：包含案例中教学对象的年级、国籍及第一语言。虽然本书以“中小学”冠名，但是“小学”和“中学”是各自具有特殊性的，因此本书中每个教学案例所涉及的教学对象都有“中小学”的明确划分，有的甚至还有年级的明确标注。

3. 教学任务：主要指教学计划中的教学任务或者案例所需要解决的问题。

4. 案例正文：主要分为两种情况，一种是叙述一段亲历的教学事件的过程、处理方式以及结果；另一种是在教学中常常遇到的典型性问题的综合或具体描述。

5. 课后分析/解决方案：这部分内容既可以是对亲历教学事件成功或失败的原因分析及其提升方向，也可以是针对典型性问题的具体解决方案。

6. 延伸思考：在本案例的基础上提出的需要进一步探讨的课题或对教学案例所在国家或地区教学情况的整体思考。

- **本书的适用对象：**

本书主要适用于汉语国际教育专业的学生、外派汉语老师志愿者、国际学校中文教师及汉语教学研究者，也可以作为《国际汉语教师证书》笔试与面试考生的参考用书。

在第一届“中小学国际汉语教学案例与分析”征文大赛过程中，我们发现，无论是资深汉语老师还是零经验新老师，对“教学案例”的了解认知还停留在初级阶段，甚至是启蒙阶段，中小学国际汉语教学案例的结集和研究也还属起步阶段，整体水平尚有进一步发展的空间。但是我们秉持着忠实教学现场以及教无定法的理念，希望为中小学国际汉语教学案例研究发挥抛砖引玉的作用。

让我们感到非常荣幸和欣慰的是，无论教学案例征文比赛还是这本书结集成书，我们都得到了各方的全力支持。作为国际汉语教学的大家和国际知名学者，白乐桑教授百忙中为本书写序，序言中不仅肯定了我们征文和结集出版的意义和价值，而且分享了他有关中小学国际汉语教学的最新研究理论。在此向白乐桑教授致以崇高的敬意和衷心的感谢。

我们在此也向资助本届征文大赛的中国国家汉办/孔子学院总部，以及担任评委的吴中伟教授、王小平博士、李彦溪先生、陈亚凤博士、熊华丽老师、朱文红老师、胡文华副教授、刘承峰副教授、刘影副教授致以由衷的感谢。我们也深深地感谢欣然接受我们特邀稿的10位老师：袁冬萍老师、张毅老师、蒋颖莹老师、谢佩玲老师、季建莉博士、杜琳老师、陈敏老师、王婷婷老师、李琛老师、廖智铭老师。另外，本书能够结集出版也离不开北京大学出版社汉语编辑室主任邓晓霞老师和副主任宋立文老师的信任和鼓励，路冬月老师作为本书编辑也给了我们许多帮助和指点，在此一并致谢。

记得一位国际汉语老师曾感慨：“我们的事业遇到一个好的时代。”我们希望借助本书所结集的教学案例，与各位国际汉语教学的同仁，共同思考、相互切磋，激发国际汉语教学更多的热情与灵感，谱写国际汉语教学的新篇章。

新加坡 汉语水平考试中心（科思达）

2018年3月28日

CONTENTS

Chapter 1 第一章 教学导航

案例01 借助颜色学习日常作息句型

袁冬萍
新加坡澳大利亚国际学校高级中文老师

教学地点 新加坡

教学对象 （1）年级：中学七年级

（2）国籍：澳大利亚、新西兰、英国和墨西哥

（3）第一语言：多为英语

教学任务 学生学习日常作息的句型，如“我早上六点半起床”。

案例正文

中学七年级这个年龄段的孩子特别愿意跟别人分享他们的日常生活。平日的生活作息大致差不多，说到周末，五花八门，七嘴八舌，热闹极了。当我问他们想不想用汉语表达出来时，一个个小脑袋捣蒜似的，立马用前几节课学到的生词，套入英文的句型说：“我起床六点半早上。”（I get up at 6:30 in the morning.）然后自豪地等待老师的肯定。

这时，我拿出几张不同颜色的彩纸，分别把“我、早上、六点半、起床”写在蓝色、深绿色、浅绿色和红色的彩纸上，依此顺序贴在白板上，并告诉学生们，作息时间的中文句型和英文句型是不一样的。人称，不管有几个，如：爸爸、妈妈和妹妹，都属于第一组，放在蓝纸上；时间段要放在时间点的前面，但是因为都属时间类，可以用深浅不一、但属同类的颜色纸表示，这是第二和第三组；动作词放在红色的纸上，属于最后一组。

我知道，不能给这个年龄段的学生讲太多，重要的是操练。于是，我挑选四个学生到教室前面来，按照我讲的颜色顺序及规则，把句子组顺。组完后，我让坐在下面的一个学生读句子，让其他学生判断句子是否组得正确，认为正确的举手，认为错误的要指出错在哪里，并到教室前面来纠正它，然后再让别的学生读句子，直到正确为止。

接着，我变换句中的主语、时间状语和谓语，学生较生疏的词语都标上汉语拼音。再随机挑选不同的学生到教室前面来，让每个人都有练习的机会。刚开始练习时，孩子们还要想一想，讨论一下。到最后的几个句子，他们几乎不假思索就能把句子组对。

课后分析 / 解决方案

本节课内容主要是借助颜色学习汉语句型，让学生意识到汉语和英语在语序上存在一些差别，但是存在一些规律。我们知道，孩子的感官能力比理解能力强得多。所以，在适当的讲解后，要充分发挥孩子听、看、嗅、摸等的感官优势。在这节课上，色彩作用于孩子们的视觉，充分刺激了他们的记忆力。对于颜色的选择，也是有讲究的。由于学生通常按照英语句式的顺序排列，为了让他们牢牢记住日常作息的动词必须放在句尾，我特地选用颜色的彩纸来写，希望通过鲜艳的红色来刺激孩子的大脑，让这个位置的词深深记在孩子的脑海中。

我 （蓝色的纸）	**早上** （深绿色的纸）	**六点半** （浅绿色的纸）	**起床** （红色的纸）

仔细选择对应的颜色，能帮助学生记住各句法成分的位置。

除了多看，还要让孩子多说。说的过程既能巩固先前所学的词语，也能不断加强对汉语句型的练习。说还有好处是保证坐在座位上的学生也能积极参与，他们既是观众也是评委，让台上台下的互动成为一体。

要想让一个句型深深印在孩子的记忆里，仅仅靠一次练习是不够的。因此，老师要准备若干个句子，每个句子略微增加难度，不断挑战孩子对句型的真正理解，如：“我的弟弟和妹妹下午三点一刻放学。”这个句子的主语和时间状语都扩展了，但基本句型没有发生变化。为了使操练更有趣，在孩子们熟悉了句型后，我让各组进行比赛。我说一个英语句子，各组要按照正确的汉语语序组句。我根据各组完成句子所需的时间排名，但不是只认可第一名，这样一来，每个组都会努力去完成句子，而不是在第一名产生后就放弃比赛。

日常作息这一单元涉及时间名词和动作动词，学生要掌握的内容很多。因此，在教句型时，老师不要苛求学生说对每个生词，也不要苛求学生把每个词的拼音和声调说准确。而且，为了减少学生学习句型的难度，老师可以为有难度的词标上拼音，让学生无障碍地学习和练习句型。

我的 （灰色的纸）	弟弟 （蓝色的纸）	和 （紫色的纸）	妹妹 （蓝色的纸）

下午 （深绿色的纸）	三点一刻 （浅绿色的纸）	放学 （红色的纸）

学生掌握基本句型后，无论句法成分如何扩展也难不倒他们！

色彩的使用也不是没有它的局限性。如果换一位老师，使用的颜色可能就会不同。所以，在借助色彩教授句型后，我还会要求学生把句型记在笔记本上，如：

- I get up at 6:30 in the morning.

  1 4 3 2

- Wǒ zǎoshang liùdiǎnbàn (liùdiǎnsānshífēn) qǐ chuáng.

  我 早上 六点半（六点三十分） 起床。

  1 2 3 4

在笔记本上用数字标记顺序的好处是，学生能清楚知道中英文的对应关系。这样无论是中翻英，还是英翻中，都可以应用正确。

延伸思考

在国际汉语教学中，培养孩子对比中英文句型的意识非常重要，所以，每当我要教授新句型时，我都会在白板上画出若干个方格。学生一看到我画方格就知道这节课要学句型了，就会自动拿出笔记本，把中英文句型抄写下来。这也使得学生养成了一个好习惯，在遇到语序问题时会主动回忆、对比学过的句型。

但是，这种意识过了头，也会带来学习上的困扰。有的学生学了句型后，以为汉语每个句子都涉及一个新的句型，结果就连最简单的句子，都要在问过老师后才敢说、才敢写，如：

“I love my dad and mum.”（我爱我的爸爸和妈妈。）因此，在教句型时，一定要明确告诉学生，句型只占一门语言中的很小一部分。如果每个句子都有独特的句型，这门语言一定没法学。

总之，学习句型对正确应用汉语非常重要。但是也要意识到，汉语大部分的句型和英语的句型还是一样的。因此，尽管汉语不易学，但只要掌握了它的学习规律，还是能学好的！

案例02 利用歌曲学词语

张　毅
新加坡德威英国国际学校小学部中文主任

教学地点 新加坡

教学对象 （1）年级：小学二、三年级

（2）国籍：英国和澳大利亚

（3）第一语言：英语

教学任务 学生通过学唱，掌握歌词中的八个词语：上网、聊天、打电话、看电视、听音乐、做功课、发邮件、玩游戏。

案例正文

学生三三两两走进中文教室，在所有学生到齐之前，我在投影仪上播放 Quizlet flash card，让先到的学生复习一下本周学过的词语。我播放配有英文的图片，让学生说出中文。

等全班都到齐了，我和学生们开始对唱《上课歌》：

（师）你好你好你好吗？
（生）我很好，我很好。
（师）站起来，
（生）老师好。
（师）坐下来，
（生）请安静。
（师）我有一个问题。
（生）准备好了——开始！

这时候，学生们都乖乖坐好了，我们正式开始上课。我把小故事第一段的八个新词投放到

白板上，开始问学生：“你们看，我们今天要学八个新词：上网、聊天、打电话、看电视、听音乐、做功课、发邮件、玩游戏。这么多！你们有什么办法能在五分钟以内记住这些新词？”同学们开始躁动，跃跃欲试。有个女生很积极，正要举手，我说：“等一下再让你们来说，我有一个办法可以让你们在五分钟内记住！你们会唱“Old MacDonald Had a Farm”的请举手！”全班都举手了。我说：“我用这个曲调，把这八个词编成了一首儿歌。”于是，我把儿歌的PPT投放到白板上，边唱边做动作：“手表手表很神奇，E–I–E–I–O，可以做很多事情，E–I–E–I–O。上网、聊天、打电话、看电视、听音乐、做功课、发邮件、玩游戏。”

用“Old MacDonald Had a Farm”改编的儿歌，搭配简单易懂的图标，
能够帮助学生轻松记忆生词。

我唱完后，带领大家一起唱。学生们一边唱，一边看着PPT上的小图跟我做动作。五分钟后，我问：“现在会说这些词的同学请举手！”大部分都举手了。可是Henry却说：“I can’t remember these words because I don’t like this song!”我说：“那你可以选一首你喜欢的歌吗？”Henry说：“What if I don’t like singing?”我回答：“那你就不要唱，用相同的节奏把这首儿歌念出来，可以吗？”Henry似乎不太情愿，别的同学在唱他就捂住耳朵。下课前，大家又唱了两遍这首歌。同学们差不多都是唱着歌走出教室的，只有Henry似乎有点儿怏怏不乐。

课后分析 / 解决方案

在此案例中，我一开始就用《上课歌》来吸引学生的注意力、维持课堂秩序，并且复习了常用的课堂用语。这些二、三年级的孩子大部分都喜欢用唱歌的形式来学习新词语，因为又活泼又好玩。从学生唱完歌后的反应来看，用学生熟悉的曲调来编儿歌，的确能帮助他们更快地记住这些词。我问学生，为什么唱歌能更快地记住这些词。学生说："Because they rhyme!"因为押韵。我也曾经在网上查找过一些资料，有不少调查研究表明歌曲有助于语言学习。于是，我经常把新教的词语、句型编成朗朗上口的儿歌。日积月累，孩子们每天在上课前花五分钟把最近学的歌曲唱一遍，不知不觉就轻轻松松掌握了近百个词语。这比课前的Quiz更受学生欢迎，应该算很有效的教学手法。

然而，这种教学方法对于Henry这样不爱唱歌的孩子就不太适合了。他显然是不喜欢"Old MacDonald"这首歌，也许他不够自信，唱歌走音怕同学笑话，也许他觉得这首歌实在太傻，也许他今天心情不好，也许有其他不为人知的原因，我当时也没有时间多问。别人唱歌时他捂着耳朵也是不礼貌的，其他学生会因此反感，也会引发矛盾，这不利于课堂管理，也不利于同学间的友好相处。

在这个问题上，我应该有所预见。课上可以多设计几个形式，让学生们按照自己的喜好自由选择，保证不擅长唱歌的学生也能发挥所长。例如：我可以让学生们分成几个小组，每个组自由发挥，用不同的方式来练习这些词语，有的小组可以做动作"Act it out"，有的可以玩"Simon says"，有的可以画简笔画等。过15—20分钟后，让每组都上来演示一下。不一定要投票选出最快最好的方法，因为学生们最终会觉得这些活动都很好，都是我们平时上课经常用到的。有了选择，尤其是多了一些肢体活动的机会，像Henry这样不活跃的男生就不会抱怨了，可能反而会特别积极。

既然音乐能帮助语言学习，可以给一些有音乐天赋的学生发挥的空间。我可以让他们用GarageBand软件编一些曲子，然后再把要学的词语填进去。有的学生把它设计成酷酷的小组Rap说唱，既时髦又能调动课堂气氛。这么做孩子们一定会很兴奋，就不会出现不喜欢老旧歌曲的状况了。

延伸思考

大部分学校的汉语课都是每天一节，许多汉语老师都是上完一节课立刻赶着去上下一节，中间没有空闲时间。授课，除了要传授知识，也要注重孩子的个性发展、行为养成。课堂上出现突发状况老师应当及时记录下来，下课后找机会与有关学生谈一谈。面对面的交谈会让老师更深入地了解孩子，以帮助更好地设计教学环节。而且，这么做更有利于建立良好的师生关系。

基于多元智能的理念，学生们有着不同的优势和天分，因此教学活动要多样化，适应每个孩子的个性。须知再好的教学活动，也不能做到整齐划一。

案例03 从三个角度分析低年级初阶国际汉语教学课堂

蒋颖莹
新加坡东南亚世界联合学院小学中文部主管

教学地点 新加坡

教学对象 （1）年级：小学一年级

（2）国籍：英国、新西兰、澳大利亚和印度

（3）第一语言：英语

教学任务 （1）学生掌握交通工具的名称：火车、汽车、飞机、公共汽车、自行车、船、地铁、电车。

（2）学生掌握“我坐（骑）××上学”句型。

案例正文

这是我在观摩教学中记录下来的教学案例：

上课开始后，老师用英语介绍了本节课的教学目标，并用英语维持课堂秩序。

老师先带领学生学习本节课的生词和基本句型，练习中用PPT展示了一些交通工具的图片，学生们争先恐后地说出名称，并回答了老师的提问：“Mary坐汽车上学。”“Jack坐公共汽车上学。”

老师又播放了一首与交通工具有关的歌曲，大屏幕上显示歌词及交通工具的配图。唱歌时，大部分学生很努力地跟唱，几个比较顽皮的男孩却在交头接耳，直至老师皱着眉头走过来，用严肃的眼神警告一下，他们才安静下来。也许是因为有其他老师来听课，男孩们很快就坐好了，有的跟唱，有一两个则静静看着PPT。坐在地毯最旁边的一个男生看起来比较内向，他没有唱歌，低着头不停地拔地毯上的毛。由于他没有发出任何声音，也没有影响别人，我一开始并没有注意到他在做什么。

唱完歌后，老师就宣布要玩游戏了。老师继续使用英文指示学生围成一个圆圈，并解释了游戏“拍苍蝇”的玩法、规则及注意事项。具体玩法是老师先将一张词卡放在地上，两名学生各拿一把苍蝇拍，老师说一个词语，看哪个孩子先打到那张词卡，并将该词套入“我坐（骑）××上学”句型造一个句子。孩子们非常兴奋，在老师的提醒下遵守纪律，非常有序地完成了这个游戏。参与游戏的孩子们基本上都能说出交通工具的名称，并且完成造句；没有机会玩游戏的学生也都很投入地看别人玩游戏。

下课时间到，老师结束了游戏，并用英文提问：“你们今天学会了什么？”举手的学生说了多种交通工具的名称，也有一两个学生说了前面PPT中出现的句子。

课后分析 / 解决方案

在此案例中，课堂秩序良好，授课老师利用阅读、歌曲和游戏等不同类型的活动来让学生学习和复习教学目标所要求的词语与句型，重点突出。老师的游戏吸引了学生的注意，成功使大部分学生投入到学习当中，这个环节也是本节课中最为可取的地方。总的来说，老师基本完成课前所定下的教学目标。然而，本着让学生的汉语学习更有效率这一精神，我将从以下三个角度谈谈可以商榷改进的部分。

1. 教学目标

在这节课中，授课老师选择的生词基本上都属于必学的常用词语。虽然“电车”已不常用，但是“电”和“车”都是HSK一级词汇中出现的词，更重要的是，它们也都属于构词能力特别强的词语，因此介绍给孩子未尝不可。

句型方面，建议选择学生能有更多机会使用的句子。例如：针对初级班，把基本句型改为：“我去××，我坐××去××。”这样一来，学生就可以把这个句型和现实生活结合起来，造出很多相关的句子，如：“我去新加坡，我坐飞机去新加坡。”“我去学校，我坐汽车去学校。”“我去公园，我骑自行车去公园。”此外，还可以延伸出更多句子：“星期天我去圣淘沙，我坐公共汽车去圣淘沙。”“我和我的弟弟去游乐场，我们骑自行车去游乐场。”“我们去中国，我们坐飞机去中国。”当学习与学生的现实生活紧密联系起来时，学生不仅更有表达的欲望，也能在反复的练习中深入理解所学的内容。这才是有意义的学习。

2. 教学语言

这位老师的大部分指令语都使用英语。我们知道国际汉语课堂时间有限，除了课上，大部分学生接触汉语的机会并不多。在课堂上，我们应该充分利用上课时间，尽可能地增加汉语的输入。使用英语教授汉语，固然有一定的好处，如拉近与学生的距离，让学生更有安全感，或有助于课堂管理等等。但长远来看，还是弊大于利，我们还是应该尽量减少英语等中介语的使用。

例如一开始上课，老师可以通过简单的歌曲或动作来吸引学生的注意力，如："拉个圆圈走走，拉个圆圈走走，走呀走呀，大家坐下来。""眼睛看，耳朵听，我们大家坐坐好。"等学生熟悉后，也可以不唱，直接给汉语指令："拉个圆圈……"

3. 活动设置

案例中的"拍苍蝇"游戏很好，但是只有两个孩子在玩，其他学生观看。除了两个玩游戏的学生练习了口语，大部分学生都是被动地听和看（当然由于游戏本身的趣味性，学生的参与度还是很高的），能练习到的也只有听力吧。我们可以重新设计一下"拍苍蝇"的游戏：两个人拍，可是把其他学生分成两组，轮流说词语；又或者三人一组，三人轮流当说词语和"拍苍蝇"的人。

另外，如果老师将课堂指令换成汉语，并要求学生尽量使用汉语与老师、同伴沟通，那学生练习的机会就多了。比如说在玩游戏这一环节，两名学生玩完一轮后，可以让他们说一说"拍子你要给谁？"而其他想玩这个游戏的学生必须说"我要玩！""请你给我！"等。

延伸思考

1. 教学目标

语言是沟通的工具。学习第二语言，最终目的是要实现跨语言交流。我们在有限的时间内，应该先教功能性强的词语或句型，一来可帮助学生早日解决沟通上的困难，二来由于这些词语使用频率高，构词组句的能力强，学生学会这些词语后，对日后学习事半功倍。

2. 教学语言

我们知道，语言的复现必须达到一定的频率，学习的词语、句型才能变为长时记忆。鉴于平时教学语言的重复性，我们可以通过一些方法，让孩子自然习得这些指令语，如：

（1）在日常指令中尽量使用目的语，以手势、动作、图片、实物、歌曲和小视频作为鹰架（scaffolding），帮助学生建立知识架构。

（2）实在很难解释的词语或句型，用汉语说一遍，用母语解释一遍，最后再用汉语重复一遍，并且使用大量的情境和例句帮助学生理解。

（3）教室内可以张贴一些常用课堂用语，帮助学生闲时加强记忆。

3. 活动设置

每个孩子的兴趣点和个人特长都不一样。根据多元智能理论，每个孩子都有自己的学习方法，有的是视觉学习者，有的是听觉学习者，有的则是运动型学习者，这就是在歌曲环节有的孩子根本不愿参与的原因。如果我们能设立各种不同的活动角，有的通过对话练习，有的通过唱歌学习，有的通过摆弄建构模型并找到对应的词语来学习，有的则通过角色扮演来练习，每个孩子能用自己擅长的方法更有效地学习语言，这节课上那个坐在角落的小男孩也不用在唱歌时无聊地拔地毯上的毛了。

案例04 今天不用上课了！耶！

谢佩玲
新加坡圣若瑟国际书院小学中文部主任

教学地点 新加坡

教学对象 （1）年级：小学五、六年级

（2）国籍：新加坡和澳大利亚

（3）第一语言：英语

教学任务 学生掌握与生病相关的词语和句型。

案例正文

这一堂课的主要任务是让学生巩固一些与常见疾病/病症有关的词语，例如：咳嗽、感冒、发烧、嗓子疼、拉肚子、流鼻涕等，并学习和生病有关的句型。

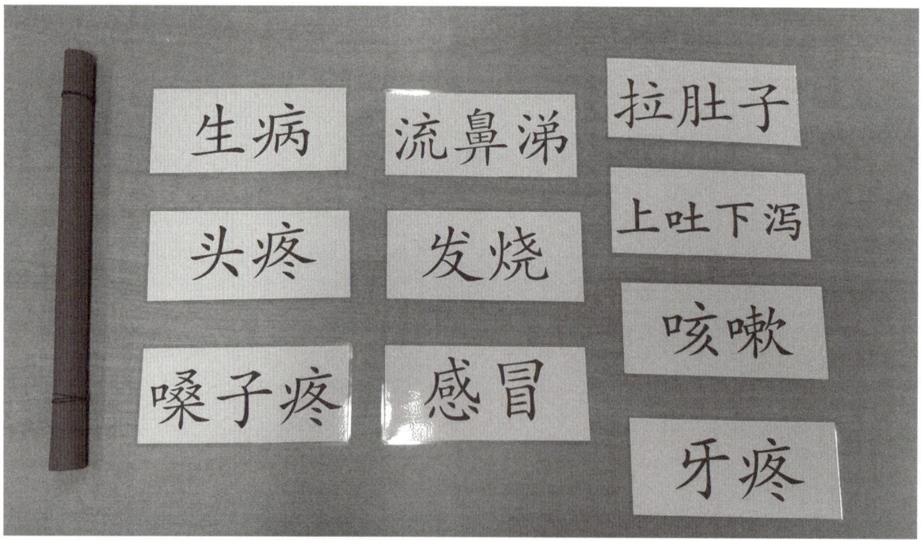

学生们进行游戏时所使用的字卡

一开始老师先带领学生通过字卡复习上节课的生词，接着让学生围坐成一个圈，每人随意抽取一张字卡，其中一个学生站在中间，手里握着用图画纸卷成的纸轴。游戏开始前，每个学生把自己手中持有的字卡念一遍，接着所有同学发问："他怎么了？"或者"他哪里不舒服？"老师回答："他肚子疼。"这时，站在中间的学生必须寻找持有相应字卡的同学，快步向前拿纸轴拍打该同学的肩膀，而持该字卡的同学要在被打到前尽快说出另一个句子，例如："他发烧。"听到新的句子后，站在中间的同学就得寻找"发烧"的同学，以此类推。如果持有相应字卡的学生来不及反应，被纸轴打到肩膀，那他就得站到中间去，游戏继续进行，学生一起提问："他怎么了？"由刚坐下来的学生先回答。这个既紧张又好玩的游戏很受学生的欢迎。几轮下来，学生能熟记这几个词语，听说能力和认字能力也都提高了。

第二项活动，是把常见疾病编成一首歌，再引入其他和生病有关的句型，用英语儿歌"The Thousand Legged Worm"的曲调演唱：

生病歌

我肚子疼，我头疼，
我嗓子也疼，
我流鼻涕，我咳嗽，
我还上吐下泻，
怎么办？（怎么办？）怎么办？（怎么办？）
妈妈带我看医生，
医生叫我在家里休息。
今天不用上课了！耶！

这首歌调子活泼，朗朗上口，配上一些有趣的动作，学生们片刻就能掌握。尤其唱到最后一句"今天不用上课了！耶！"他们更带劲。这堂课就在欢乐的歌声中结束了。

课后分析 / 解决方案

"生病"这个主题不容易引起学生的兴趣，所以老师面临的挑战是如何通过各种有趣的学习方式激发学生自主学习的兴趣。在上述游戏中，学生必须认读所有和疾病有关的词语，才不会"挨打"。同时，他们也很积极地记住朋友手中的字卡，这样才能"陷害"他们。对于这个年龄段的孩子来说，这是一件非常好玩的事。老师也可以规定同一个学生不可以重复说同样一个句子，那他们就可以掌握更多的词语了。

另外，在游戏开始之前，老师要事先说明游戏规则，避免起任何争执，或者出现学生受伤的情况，比如：站在中间的学生不能跑出圈外，只能打同学的肩膀而非身体其他部位等等。玩游戏时学生难免会激动亢奋，如果开始有些小失控，老师应该适时停止活动，待学生冷静下来以后再继续，或者进行其他较为静态的活动。

至于第二个唱游活动（Singing Game），主要是让学生通过另一种方式巩固词语，并且学习新句型，例如："妈妈带我看医生。""医生叫我在家里休息。"外语的学习，都是通过积累和重复，才能烙印在学生脑海里。让学生自己设计《生病歌》的动作，让他们更快熟悉歌词内容，借动作记忆生词，而轮唱则能提高他们的专注力。最后一句"今天不用上课了！耶！"是学生最喜欢的一句，全班合唱的形式把他们的情绪推到了最高点。

延伸思考

如何结合教学内容通过课堂活动激发学生的学习兴趣，是每位老师每天都在思考的问题。对小学生来说，老师可以通过唱歌、做动作等活泼点儿的形式来营造积极的情绪氛围，打造利于学习的课堂环境，以帮助学生学习更加投入。有趣的游戏和歌曲有助于增加学生的学习动力及参与感。只要学生情绪正面积极，在没有压力的情况下肯定能够更快掌握知识。以不同的学习方法带领学生进行复习，能更有效地巩固所学，把知识储存在长期记忆里。

案例05 周杰伦的《本草纲目》

季建莉
新加坡圣若瑟国际书院中学中文部主任

教学地点 新加坡

教学对象 （1）年级：九年级

（2）国籍：新加坡、马来西亚等

（3）第一语言：英语

教学任务 （1）学生能够认识一些生活中常见的中草药，并学习其汉语名称。

（2）学生能够流利讲述在生活中接触到的中草药或看中医的经历。

案例正文

我所教的这个班以男生居多，他们虽然中文不好，但爱唱中文流行歌曲，光良的《童话》个个耳熟能详。于是，我选择了周杰伦的《本草纲目》作为“中医与中草药”课题的导入内容。大多数新加坡学生都认识周杰伦，即便根本听不懂他在唱什么，也还是听得津津有味。在学生听得云里雾里的时候，我将标有汉语拼音的歌词发给学生，让他们对着歌词再听一遍。学生能找到周杰伦唱到哪个字了，但还是不了解意思。

这时水到渠成，我便告诉学生歌词里有大量的中草药名称，并在PPT上展示歌词中提到的各种中草药图片及中英文名称。学生在歌词纸上做笔记，一边记一边读出中草药的名字。课堂上的学习气氛很浓，学生们颇有满足感，有的还一边记一边学周杰伦饶舌。还有学生看到一些中草药图片，例如枸杞子，就说：“这个我见过。”于是我抓住这个同学的话题，进一步问她：“在哪里见过？用它做什么？”

这时实际上进入了教学的第三个环节：鼓励学生说出他们在生活中见到的中草药和接受中医治疗的经历。我问全班学生：“谁看过中医？”几乎所有学生都举手了。之后我领全班学生在教室中间排成一大一小两个同心圈。口语活动开始了，内圈的学生说，外圈的学生听。内圈学生用一句话叙述自己看中医的经历，然后按顺时针方向轮到下一个同学，先重复上一个同学的经历，再叙述自己的经历，然后轮到下一个，直至完成一圈。我用屏幕显示倒计时，第一次讲述时间是10秒钟，第二次是20秒，接下去每轮到一个学生就增加10秒。班上一共有14个学生，内圈的最后一个学生叙述时间为1分10秒。第一轮活动结束，我让学生们就地坐下，外圈学生依次到白板上准备好的一张表格上“贴写”他们听到的“病症”与“治疗方法”。由于这节课的生词比较多，所以我事先准备好了供学生“贴写”的词卡。学生们很顺利地找到正确的词卡，完成了表格。

学生们正在进行口语活动。内圈的学生叙述自己看中医的经历，
外圈的学生将听到的“病症”与“治疗方法”贴在白板上。

第二轮活动开始的时候，学生已经熟悉了活动的各个步骤，效率明显提高。我让内外圈互换，上一轮在外圈的学生这一轮有机会在内圈练习口语。活动结束时，白板上的“中医治疗一览表”已经完成了。我让学生拍照，并要求他们回家问问带他们去看中医的爸爸妈妈或者其他人，表格中是否有错误，是否还有其他内容需要补充。

课后分析 / 解决方案

文化教学是我们二语教学中不可或缺的一个重要元素，而九年级二语班即将面临一年后的IGCSE二语口试。这节课巧妙地将文化教学与口语教学结合起来，让学生在练习口语的同时，对中国中医药也有了初步的认识，整体上完成了教学任务。

根据标有汉语拼音的歌词再听歌曲，实际上是一种认读训练，训练学生的听力及认汉字的能力。选择适合学生水平与学生特点的导入方式，则是激发学生学习动机的关键。因为这个班的学生喜爱中文流行歌曲，所以周杰伦的MV一播放，学生们的注意力马上集中在老师这里了。

有一点可惜的是，这个MV里面有很多中国古代“僵尸”的镜头，所以学生会问老师那是什么，是不是中国的Zombies，使得课堂上的话题会有一些跑题。

中草药的名称对学生来说非常陌生，所以配有中英文的图片能有效地唤起学生生活中有关中草药的记忆。但学生的生活经验毕竟有限，大多数只知道“枸杞子”“菊花”和“人参”。在这一方面，老师对学生的反应不能抱太大的期望。此外，老师可以事先准备好一些中草药的实物，这样学生学习的兴趣可能更浓。

这节课的口语活动进行得颇为顺利，因为开始要求比较低，帮助学生克服了说汉语的畏难心理。在不知不觉中，学生越说越多。但是在这个过程中，水平低的学生还是会面临一些困难，有时会无话可说，站在原地空等时间结束。所以参与这个活动的学生必须先进行一些相关准备，也就是说老师在上这节课之前，应该已经教过学生如何口头叙述个人经历。这节课则是一次结合文化教学的口语操练。

最后阶段的“贴写”游戏是学生喜欢的形式，一是不难，二是学生可以在全班面前“显示”自己的语言能力。这个环节会出现重复的病症、疗法和中草药名称。老师可以以笑脸或者星星的贴纸来代替重复出现的词卡。因为这些词语并不在中级班学生的会写范围内，所以只要他们会认会读就可以了。

上述教学安排能确保学生在活动进行时有目的地听，而不只是被动地听。这是老师在设计任何一个活动时，需要考虑进去的一个重要环节。

延伸思考

二语教学的一个困境就是学生认为汉语出了教室，就一无所用了。所以在平时的教学中，老师如果能让学生感受到汉语言文化在生活中的存在与价值，那么汉语课就已经成功了一半。以本案例来说，如有可能，应该在前一节课让学生回家去找家里的中草药，上课时带来。实物总是能让学生留下深刻的印象，而且会让学生意识到其实汉语言文化在他们的生活中比比皆是。下课后让学生回去和家人谈谈中医药，改进“中医治疗一览表”，学生既能感受到学有所用，也能在此过程中练习看汉字、说汉语。

另外，老师在准备一节文化课时，要尽可能地了解学生的文化背景。在这个案例中，出乎老师意料的是，全班学生居然都有看中医的经历。这大概与新加坡华人的传统有关系，如果换作在其他国家，或者非华裔背景的学生，那么这节课的一些环节将无法进行，老师必须另辟蹊径。

案例06 以任务型教学法提高学习动力

杜 琳
新加坡ISS国际学校中文课程主任

教学地点 新加坡

教学对象 （1）年级：中学八年级

（2）国籍：美国、日本、韩国和印度尼西亚等

（3）第一语言：英语、日语、韩语和印度尼西亚语

教学任务 制作学校的汉语宣传册。

案例正文

在实际汉语课堂教学中，我遇到的一大挑战是学生缺乏学习汉语的动力。班上学生成长背景复杂，有的学生母语是英语，有的是日语、韩语等，学习汉语的时间长短不一，语言水平参差不齐。如果用传统方法先教词语、句型，再教课文做练习，学生会觉得很乏味，没有学习的动力，效果也不理想。我决定进行差异化教学，并通过一些现实生活中的任务，让学生把汉语学习与他们的真实生活联系起来。下面以“我的学校”为题加以详细说明。

上课时，我先问大家：“同学们，你们有没有发现学校的宣传手册都是英语的，没有汉语的？”学生们回想了一下，发现果真如此。接着，我又引导他们：“如果我们能够用汉语制作一份关于学校的宣传手册，这样是不是可以帮助很多不懂英语、只懂汉语的学生和家长？”大家觉得有道理，纷纷表示认同。

接下来，我们讨论宣传手册需要包括哪些内容，设计上有什么要求。我用翻页纸把大家讨论的结果写下来，比如手册中必须包括学校的名称、位置、创办时间、办学理念、学校规模、生源情况、课程介绍、主要设施、招生要求及各部门联系方式等，设计上则要求有插图，加上不同颜色等，并把这些要求作为评估的主要依据。

之后，我按语言能力把学生分成A、B两大组：

A组 我给学生提供有关介绍学校的基本词汇表，学生需找出词根，学会自组新词，再学习语法点。

以词语部分为例，学生先花三分钟时间自己读词表（包括汉字、拼音及英文），用荧光笔画出重复出现的字词，如“课”这个字。我问：“与这个字相关的你以前见过什么？”有的学生想起“说、讲、读”，有的想起“苹果、果汁”。于是，我把学生说的这些字都写在“课”字的旁边，鼓励学生自己发现联系，如言字旁、声旁。我再来解释“课”字的意思，学生以这个字为基本单位，找到了更多相关词语，如“课程、课程表、上课、下课、课外活动”等，通过建立联系而加深理解。

B组 我给学生提供有关学校的基本及进阶词汇表，学生需要学习更多语法点，如“因为……所以……”“除了……以外”“有……，有……，还有……”等句型，建立与以前知识的联系，并且完成作文《我为什么选择这所学校》。

在接下来的课上，两组的活动分别是：

A组 利用老师提供的词语和句子，开始准备宣传手册草稿。

B组 在制作宣传手册草稿的同时，要考虑哪些材料可以做作文的素材，这些材料可以怎样整合，引导学生思考作文的特点，注意宣传手册与作文文体的不同。

活动完成后，我提供修改意见，帮助学生定稿并让他们做报告，最后进行评估：

A组 根据学生事先了解的评估细则，实行同伴评估。

B组 宣传手册根据学生事先了解的评估细则，实行同伴评估；作文则由老师点评，不好的地方提出修改建议。

在课堂评估完成之后，学生采取下一步行动，带着自己做的宣传手册到学校的招生部，向该部门职员展示自制的手册并希望获得采纳。招生人员给予学生正面的反馈，感谢学生提供作

课后分析 / 解决方案

这节课的教学任务是制作学校的宣传手册，填补学校没有汉语手册的空白。学生觉得这个活动与他们的生活相关，且具有实用价值，因此有了学习的动力。虽然我在版面设计方面给予学生很多自主权，但基本内容是我与学生一起讨论后决定的。学生可以在手册中加上图片或照片，但所有汉字必须手写。

由于学生汉语程度不一样，所以B组除了做宣传手册之外，还要根据手册写一篇说明性作文。几节课下来，学生反映说做过手册之后，对学校有更全面的了解，写作文时素材也更丰富。虽然A组目前水平有限，不能完成作文，但他们对B组同学的作文很感兴趣，愿意阅读B组同学的作文，也希望自己尽快能够写作文。由此可见，案例中的差异化教学对于不同水平的学生都有正面影响。

值得注意的是，进行上述差异化教学之前，老师需要了解学生的语言档案、学习方式、思维特点等，根据学生的情况来制定最佳方案，提供个性化的资源与支持。

A、B两组的课堂教学活动有以下相同之处：

- “以学生为中心”的教学理念
- 尊重每一个学生
- 把所学知识通过学生的行动凸显出来

A、B两组的课堂教学活动有以下差别之处：

- 教学任务不同
- 总结性评估方式不同

另外，让学生参与制定评估方式可以让他们清楚地看到自己目前的水平，也会知道下一步的目标是什么。在教学过程中鼓励学生积极参与，用现实生活中的任务吸引学生，可以激发他们学习汉语的动力。

延伸思考

国际汉语教学的一个难点是学生成长背景多元，语言程度不一，采用传统的老师主导或一刀切的方式容易使学生产生厌倦情绪。因此，采用现实生活中的任务，把课堂学习与现实生活结合起来，学习就会变得更有针对性，学生也有动力完成教学目标。

另一方面，进行差异化教学时要避免给学生“贴标签”。因此在一开始老师就要向学生解释为什么分组、分组的标准是什么，并可以根据不同的教学活动重新分组，让学生习惯协作学习这种方式。

此外，同伴评估是学生学习反思、判断、决定的一个重要部分。如果全班事先对评估细则达成共识，同伴评估是可信的，并让学生对自己的学习更有责任感。

案例07 请问去Offices of the Imperial Secretariat怎么走？

陈　敏
上海法国学校

教学地点 新加坡

教学对象 （1）年级：小学五年级

（2）国籍：法国

（3）第一语言：法语

教学任务 学生学习并掌握问路与指路的基本句型：

（1）请问去……怎么走？

（2）往前走/向左转/向右转/穿过……就到了。

案例正文

炎热的九月，对于孩子们来说，无疑是个郁闷的开学季。夹杂着成长中的各种小心思和对暑期的眷恋，他们又回到了久违的课堂。拿着手中五彩缤纷的课表，我也开始了全新的学年。

五年级的第一节课，教学目标是让学生掌握问路与指路的基本句型。我首先说出“制式化问好”，学生们也给予我“制式化回复”。接着，我从迈克尔·杰克逊的标志性舞蹈开始导入。伴随着舞王强劲有力的音乐，和我快速变化的口令（上上下下左右左，左左右右中，下左右中中……），这群“混世魔王”纷纷伸出手来，和我一同跟着这五个简单的汉字“上下左右中”动起来。接着，我继续“加料”，让大家把手拿出来，跟我一起动起来：“跟我说‘往前走’，跟我说

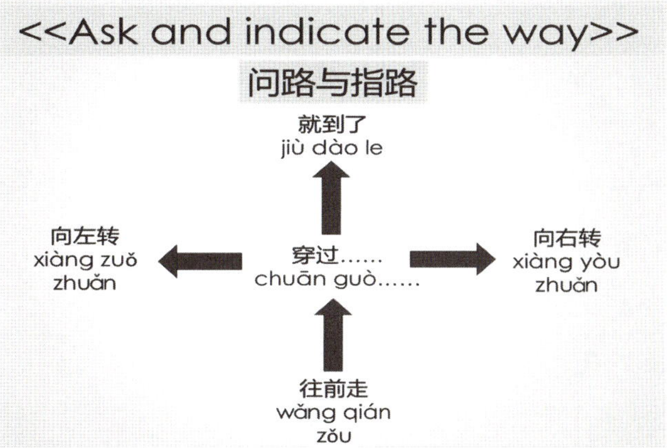

学生需要在第一堂课上掌握的五个指路的基本句型

‘向左转’，跟我说‘向右转’……”通过强而有力的节奏和肢体语言，学生们兴致高昂地跟着我一起学习了本节课的五大基本句型。

在学生掌握了上述词语和句型后，如何运用到现实生活中，是接下来的教学重点。鉴于许多外国人对于中国传统文化的热爱，我尝试教学生在“紫禁城”中指路。

我让学生两人一组，一问一答，进行口语练习，看看他们能否顺利完成我指定的寻宝任务。这群活力四射的孩子们瞬间炸开了锅——“这是哪里？这是谁的家？”“笨蛋，这是中国总统住的地方！在北京，我妈带我去看过！”“胡说，这是中国皇帝的家！”“你才胡说，中国现在没皇帝”……学生们讨论得不亦乐乎，早已把学习任务抛诸脑后。

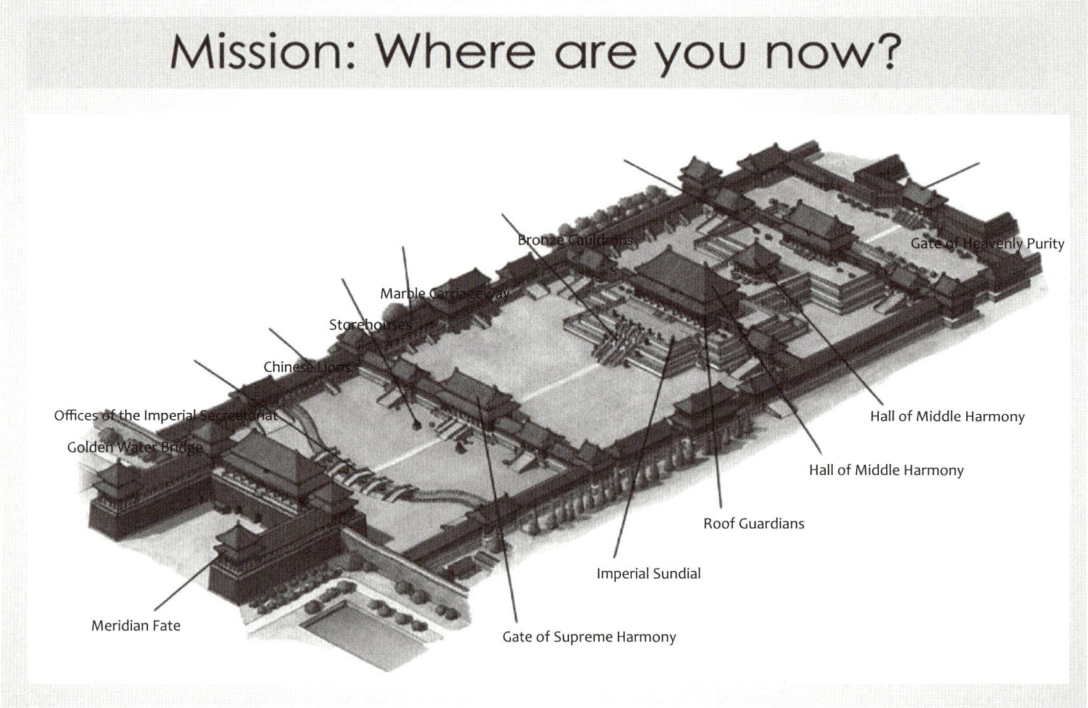

紫禁城这一中华文化元素激发了学生们浓厚的学习兴趣。

窗外的知了抓紧在夏末秋初歇斯底里地鸣叫，相较于课堂上学生的热情，这鸣叫显得多么微乎其微。我不禁纳闷，这堂课究竟是语言课还是文化课呢？于是，我迅速调整了教学策略，变成我问学生答，重新掌控课堂，以确保完成教学任务。学生们一个一个来到大屏幕前，根据我给的线索（例如：“你往前走，穿过Golden Water Bridge，向左转，你在哪里？”），寻找各自的目的地。学生们都全神贯注地完成自己的任务，还不忘问我：“老师，这个地方是干什么用的？”“老师，这个地方是谁住的？”于是，我便来个顺水推舟，告诉学生如果他们想了解故宫更多历史故事，就必须用所学的五大句型给老师出个寻宝任务，以此激励他们大胆地将所学句型说出来，用起来。

五十分钟的课，很快就结束了。我的教学目标“学习并掌握问路与指路的基本句型”顺利达到，学生们则高高兴兴，满脸挂着灿烂的笑容，意犹未尽地背起书包，走向下一个课堂。

在第二节课上，我以耳熟能详的电视剧《甄嬛传》片段作为导入，马上又抓住了学生的注意力。为了加强学生对于问路与指路基本句型的记忆，我要求学生完成校园寻宝的五大任务。这节五十分钟的课，在传统中国文化和现实教学任务的穿插结合中，得到了学生的一致好评。

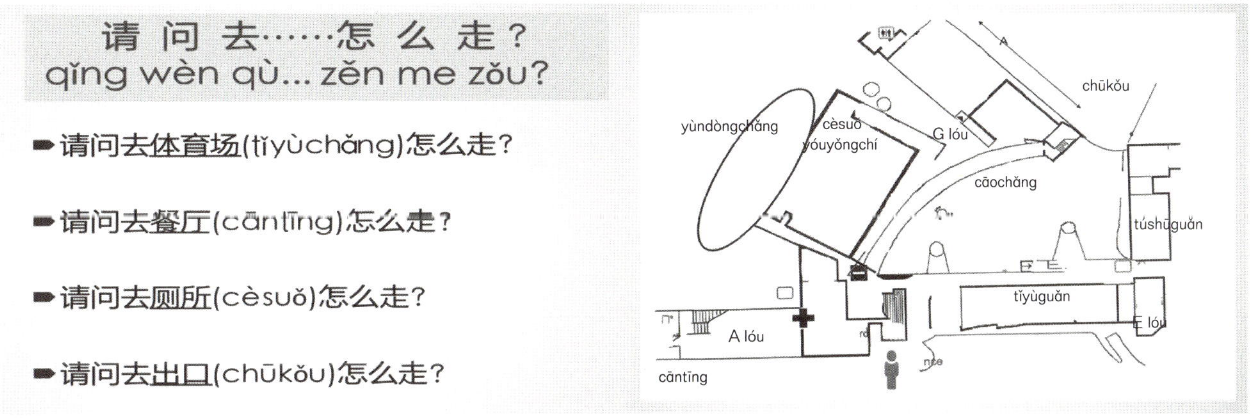

第二节课学生在校园内进行寻宝任务，以加强问路句型的记忆。

课后分析 / 解决方案

本次做出新的尝试，将“紫禁城”这一中华文化元素融入国际汉语教学中，我发现学生的学习积极性空前高涨。在此之前，我一直沿用新加坡环球影城的寻宝地图作为“指路与问路”的教学媒介。当然，这一方法也成功地吸引了学生的眼球。但是，既然是国际汉语教学，何不将更多的中国元素运用到课堂中呢？

值得注意和反思的一点是，课堂学习目标必须明确。正如我在第一节课时遇到的情况，学生学习文化的热情远远超过了学习语言本身。对于这样的课堂突发状况，老师要适时将学生拉回课堂主题，例如，及时调整教学策略，先让学生参与老师问学生答的互动练习，熟练掌握了基础词汇和句型后，再让学生自由练习，从而做到语言、文化学习两不误。

延伸思考

作为法国学校小学国际汉语教学的“老革命”，我深感身上使命之艰巨。汉语是法语（欧洲）教育体系的第三外语，如何将学习汉语变成一种乐趣，变成一种文化，而不是一味的就学而学，一直是我们长期探讨的主题。传统的教学方式“词汇 + 句型 + 演练”已经很难满足学生的期望，“动起来 + 思考起来 + 想象起来”才是法国学生眼中学习汉语（第三外语）的正确方式。

如何不使学习汉语成为法国学生沉重的负担，让这群学生在乐中学，在学中乐，是值得我们在日常教学过程中不断摸索研究的一个重要课题。教而不思则罔，思而不改则怠。望着学生们欢快的身影，我不禁感叹，“教学相长”果真是一句至理名言。老师是学生学习生活中的孔明灯，学生又何尝不是老师在漫漫教学长路中的良朋诤友呢？

你快乐，所以我快乐；你学有所得，我教有所悟。国际汉语教学“路漫漫其修远兮，吾将上下而求索”。谨以此言勉励自己，为弘扬汉语文化，贡献我绵薄之力！

案例08 每个学生都是可塑之材

王婷婷
新加坡东陵信托学校中学中文部主任

教学地点 新加坡

教学对象 （1）年级：中学七年级

（2）国籍：荷兰

（3）第一语言：荷兰语

教学任务 鼓励一名外籍学生继续选修中文。

案例正文

Max是荷兰人，本学年刚开始从荷兰转来我们学校。Max以前的学校是全荷兰语学校，他从来没学过汉语，虽然英语说得流利，但是一下子要适应全英文教学环境，零起点学习汉语、法语、拉丁语，对他来说挑战不小。上汉语课的时候，他很有礼貌，从不捣乱，但时不时会走神儿，完全没有自信，汉语学得自然也不怎么样，总是边学边忘，尤其一看到汉字，立刻两眼一抹黑。他的同班同学多多少少学过一点儿汉语，虽然水平高不了多少，但是他觉得自己已经输在了起跑线上，这像是一场还未开打已经败北的仗。

我在课后找他聊过几次，帮他分析汉语和英语的主要差异、汉字的特点、学习和复习的方法等。不得不承认，他并没有表现出学习语言的天赋，而且还因为足球联赛缺了好几节课。其实Max存在的问题都是可以解决的，但是对于一个刚到青春期并且对自己有所要求的男生来说，他为自己筑起的高高的心墙才是最难突破的。尽管每次谈话，他都微笑应答、点头说好，但是我知道自信不会平白而来，心理障碍没有那么容易消除，更何况学习是一个循序渐进的过程，一切都得慢慢来。因为学期才刚刚开始，所以我没有急着给他定目标，更没有打算联系家长。可是没过多久，家长突然联系了学校，要求换学科，原因是汉语太难了，改学西班牙语应该更容易。

课后分析 / 解决方案

相信国际学校的汉语老师们，都遇到过学生想放弃的情况。究其原因各有不同，需要根据实际情况对症下药。本案例中，Max尽管学习态度不错，与老师和同学的关系都很融洽，而且也乐于参加课堂活动，但是学习效果并不尽如人意，有挫败感完全可以理解。同时，七年级的男生正处于从小学到中学的转变阶段，对中学生须有的学习方法和态度尚未完全建立，人格发展也处于塑形的关键时期，能否正确评价自己、怎样应对压力、如何在自己能力范围内取得最好成绩等，都是这个阶段的学生需要不断尝试、探索与发展的品质和能力。所以Max遇到的挑战不仅是怎么在这个学科取得进步，更是如何通过这个应对挫败的过程逐渐成长为一名成功的学习者。

家长的介入也是老师们一定会面对的情况。他们的态度直接影响到孩子的学习态度，不可忽视。在私立学校，家长的影响力又更胜一筹。如何与家长打好交道，让他们与老师并肩作战很关键。

我决定给家长打电话而不是用邮件回复，因为情况比较复杂，写邮件不容易说清楚，而且打电话能够了解彼此的语气和态度，不容易产生误解，有助于解决问题。在打电话之前，我做了以下准备工作：

1. 查看了学生的出勤记录，计算了出勤率；
2. 统计了已有的成绩记录，包括课堂表现的成绩；
3. 与部门负责人再次确认了部门的选课政策；
4. 制订了帮助学生的具体方案。

与家长的沟通进行得很顺利，首先我请家长陈述她的担忧以及要求换学科的理由，让我更全面地了解了学生的问题，然后我向家长分析了Max应该继续学习汉语的原因：

1. 现在放弃汉语，从头开始学习西班牙语，意味着他需要补上开学以来已经落下的课，压力和负担只会增加不会减少；
2. 根据学校Learning Support部门的测试和评估，他并没有任何的学习能力障碍；
3. 目前看来成绩较弱，但从数据分析、历时比较来看，并不是不可救药；
4. 目前的学习障碍主要是他尚未入门、缺了一些课以及心理上的畏惧造成的。作为一名经验丰富的老师，这不是我见过的第一个案例，我有信心，假以时日情况必将改善；
5. 我们不希望学生养成遇到困难就退缩的态度；
6. 学习法语和汉语，一西一东，结构迥异，对孩子世界意识的培养以及大脑发育都有好处；

7. 我们会有一系列辅助他学习汉语的措施及资源（以下详述）；
8. 家长如能鼓励他保持耐心和恒心，也会对他有帮助。

这位家长听完以后觉得很有道理，听到了专业人士的意见，看到了希望，认为这的确是对她的孩子发展更有利的选择，连声表示感谢。

对Max的帮助计划包括了以下几个方面：

1. 对汉字听写的要求降低，汉字数量减半，让他自己在词汇表里挑选，甚至对他只考认读，虽然这并没有达到教学目标，但是这样的差异化教学让他很明显地看到了自己的进步；
2. 课上练习写字时，给他多一些一对一的关注，并不时地请班上较擅长书写的同学和他结对子检查；
3. 每周三中午由十二年级的IB学生对他进行一对一的辅导；
4. 定时检查他运用网上资源练习的情况；
5. 经常鼓励他，每次有小小的进步都给予大大的表扬。

久而久之，Max渐渐产生了信心和兴趣，到学年末，尽管汉字听写仍然有很大的进步空间，但是在听说读几方面已经处于班级中等水平，还获得了全年级的“年度最努力学习奖”。学生自己、家长和我都颇感高兴。

延伸思考

在国际学校，越来越多的学生选择学习汉语，但并不是所有人都会一直持续学习并参加IB、IGCSE等校外考试，也不是每个人都能学得很成功。学校的教学计划通常是根据教学大纲和考试大纲设计的，对不同年级的学生在语音、词汇、语法、汉字等语言要素上有明确的教学要求，老师要面对不同水平的学生，还要完成教学任务，压力是显而易见的。但如果用一刀切的标准来要求那些后进的学生，短期来看，他们的信心、兴趣与学习的快乐会被压力和抵触情绪代替；长期来看，继续深造的可能性也会非常小。因此，这样的教学计划看来并不可行。如何在完成教学任务的同时，保持学生对学科的兴趣与信心，实施更适合个体的教育方式，是一个值得深思的课题。

在与家长沟通方面，如果我们能够跳出“汉语老师”的角色，而以一个“教育者”的身份，从全面关心学生身心健康的角度来思考问题、给出中肯建议，会让家长更愿意听取我们的意见、认同我们的想法。当然，也更有益于国际汉语教育的发展。

案例09 星期五的最后一节课

李　琛
新加坡东南亚联合世界书院高中中文部主任

教学地点 英国

教学对象 （1）年级：中学

（2）国籍：刚果、加纳、印度和巴基斯坦

（3）第一语言：多为英语

教学任务 （1）学生学习关于体育运动的词语。

（2）学生能够用“比”字句进行对比，表达不同的喜欢程度。

案例正文

“铃铃铃！”伴随着上课的铃声，学生们争先恐后地往教室挤。星期五下午，孩子们总是莫名地兴奋，所以我为学生准备了Starter Activity——一张活页练习题，让学生们既可以复习上节课的知识，又能安静下来，快速进入学习状态。三名最早完成任务、准确率又高的学生每人奖励贴纸一张。

接着是用PPT介绍生词，一切都按着教学计划顺利进行，直到几个学生的注意力开始分散，趴桌子的趴桌子，聊天儿的聊天儿……老师想再吸引学生的注意变得越来越困难。我临时决定换一个活动，让学生们分组做生词卡片，然后进行猜词比赛和翻译比赛，组名必须是刚学过的一项体育运动。学生们的情绪一下子又沸腾了。

Ben坐在靠窗的位置，他的小组在第一轮比赛中输了，他开始心猿意马，不停地朝窗外看。“大家快来看呀，球场上有人打架了！”“这不是Jack和Henry吗？下去看看。”还没等我反应过来，一群学生就跟着Ben往教室外面跑。我本能地跑到教室门口想拦住他们，结果被男生们一下子推倒了。他们都涌向了操场……

我知道单凭自己的力量，这群学生是不会回到教室的，便当机立断向教导主任报告，然后专心稳住还在教室的学生，并用Jack和Henry做例子来练习“比”字句。比如：“Jack比Henry

高”“Henry 比 Jack力气大”……在教室的学生们都笑了。

课后分析 / 解决方案

这是十几年前在伦敦东区一所公立中学上的一堂实习课。这所学校的学生们背景各异，以非洲和印巴籍居多，家庭条件都欠佳，对学习也没什么兴趣。如何激发学生们的学习热情，管理好课堂秩序，是上课最艰难的任务。

这堂课给我的印象极深，不是因为这是我在实习期间一堂意料之外的课，而是因为它让我意识到在上课时管理好课堂秩序和随机应变有多么重要。

在那堂课中，那群男生最后被三位体育老师“押”回教室。老师问我现在要不要带他们去校长室，鉴于课上至少有一半学生很乖，我决定课后再处置那些男生。我给了他们一个自我反省的机会，让他们以给我写信的形式，反思自己的行为。

事后校长对我的处理方式大加赞赏，但也提醒我不应该站在教室门口拦住学生。他说无论在什么时候，老师都要顾及自身的安全，在英国纪律不好的公立学校教书尤其如此。这类学校的学生带刀进学校的事情偶有发生，要尽量避免在课堂上和问题学生发生正面冲突。

校长也表扬我随机应变的能力很强，叮嘱我要永远记住课是死的，学生是活的。只会死板执行教学计划的老师一定不是好老师。

延伸思考

在这个案例中，我根据课堂的具体情况调整教学计划，但始终牢记教学任务：教学生生词和练习使用“比”字句。日常教学中，老师们需要时刻提醒自己，这节课的任务是什么，然后再根据学生们的情况，安排不同的教学活动来达到这个目的。

课堂互动分为Stirring Activities和Settle Activities。Stirring Activities是指能够让学生们兴奋起来的活动，比如各种需要“动起来”的活动；Settle Activities是指能让学生们安静下来的活动，比如抄写汉字。采取哪种活动要根据上课时间和学生们的状态来判断，上午前两节课学生们通常比较安静，就适合采用Stirring Activities；而星期五下午的课，学生们本来就非常活跃了，让他们进行Settle Activities会更加适合。当学生们特别活跃的时候，老师还可以想办法减少外界的干扰因素，比如在上课前关上窗户，在必要时放下窗帘等等。

最后就是合理使用Sitting Plan。像Ben这样的问题学生，应该尽量安排坐在教室前面的座位，以便于教学和管理。

案例10 晚晴园文化教学

廖智铭
新加坡杜佛阁国际学校中文部主任

教学地点 新加坡

教学对象 （1）年级：中学十年级

（2）国籍：英国

（3）第一语言：英语

教学任务 学生通过参观晚晴园，了解孙中山先生的革命事迹和南洋华侨为辛亥革命所做出的贡献。

案例正文

今天我带领四名学生走出教室，参观了孙中山南洋纪念馆——晚晴园。我们在纪念馆开展了一场别开生面的文化学习和语言学习交流活动。

我们去第一展厅“初会晚晴，星洲三杰”，认识孙中山先生在新加坡的三位重要支持者，了解他们的家庭情况以及当时援助孙先生的情况。我要求学生自己阅读历史资料，自由参观，稍后分享要点。虽然他们知道孙先生，但对历史细节了解不深，所以需要较长时间来阅读晚晴园的历史资料。

在第二展厅“星洲同盟，南洋支部”，我先让学生们自己从展厅里寻找一些资料，然后两人一组探讨孙先生选择新加坡作为在东南亚策划革命运动的基地的主要原因，以此了解到孙先生自幼接受西方现代教育的成长背景以及他崇尚科学、不迷信的处事原则。

在第三展厅“推翻帝制，建立共和”和第四展厅“共和之后，南洋回响”，学生们充分了解了辛亥革命为海外华人社会带来的影响。我也从展览中挑选了一些易学易懂的词语让学生进行口头造句，如“华人、商人、生意、成功”等。

参观结束后，我们坐在晚晴园前的草地上进行分享活动。学生们觉得此次三个小时的校外文化之旅对学习大有帮助，让他们了解了南洋华侨为辛亥革命所做出的贡献，完成了学习目标。

活动结束后，学生们在晚晴园合影留念。

课后分析 / 解决方案

虽然这次教学任务顺利完成，学生也认为校外活动使文化教学变得生动有趣，但我认为，学生们长期在外国生活，较难体会当时生活在水深火热的中国人民对推翻清政府，建立民主共和国的渴望，以及革命先辈“敢为天下先”的大无畏精神，这就需要有更充分的历史资料来帮助他们加深理解。

另外，此次晚晴园之旅，我更注重文化学习，多少忽略了语言教学。其实，我可以将两者融合，如针对孙中山先生的支持者，设计简洁易懂的人物小故事，介绍他们的生平，如姓名、字号、生日、出生地和职业等，并引导学生练习写一篇支持者的中文介绍，与“自我介绍”这一教学主题相配合，提升他们的写作能力。学生也可以写一篇文章《我眼中的孙中山先生》，并与其他人分享。

对于汉语水平较高的学生，我们不妨让他们进行更深度的思考，可以对当时的社会改革运动发表看法，如剪辫子运动等，来加深学生对中国历史文化的理解与认识。

他日若安排其他年级学生参观晚晴园，还可以组织以下活动：

1. 安排较长的活动时间，这样可以参观晚晴园博爱厅的专题展览

由于当天的活动时间仓促，学生们没有充分的时间参观博爱厅当时举办的《慈母手中线——儿童服饰里的祝福和寓意》专题展览，只能走马观花地看看99件清朝至民国初期的童服与配饰，无法参与手工活动、聆听一些有趣的民间故事或传说等。

2. 安排学生参加导览员培训

晚晴园组织了学生导览员培训，为学校的外籍家长或其他同学提供义务导览服务，对学生来说，是非常不错的社会活动，一方面加深自己对中国历史文化的了解，另一方面也能提高自信与语言表达能力。另外，新加坡国家文物局会在每年四月或五月举办“新加坡文化遗产节”，这是一个隆重的文化庆典活动，主要介绍当地的历史文化遗产。校方可借此机会与晚晴园紧密合作，让学生们参与各项文化活动，增强文化交流意识。

延伸思考

新加坡虽只是一个城市国家，但保留了许多与中国历史文化相关的遗产，如晚晴园、牛车水、原貌馆、天福宫和各个宗亲会馆等。此次晚晴园的教学活动设计只是一个语言文化活动的开始，将来可根据这些历史古迹设计出更多相关的语言文化教学活动。

语言与文化相辅相成、密不可分。在汉语课堂上，老师根据学生实际情况安排适当的文化教学活动，对语言学习、文化学习都有非常好的促进作用。

Chapter 2 第二章 | 语言要素教学

案例11 从“哎呀呀”到“嘻嘻哈哈”的中文写字课

林青青

教学地点 马来西亚吉隆坡

教学对象 （1）年级：小学一至三年级

（2）国籍：马来西亚、印度尼西亚和新加坡

（3）第一语言：英语

教学任务 （1）学生掌握基本笔画“横、竖、撇、捺”。

（2）学生掌握基本笔顺“先横后竖、先撇后捺”。

案例正文

枯燥沉闷的写字课向来是最不讨学生喜欢的。一讲到写字，学生们就“哎呀呀”个不停。刚开始教汉语的时候，我向一些资深老师请教教学经验，他们一再强调写字课必须确保学生身坐直、脚放平，不但要姿势正确，字体也必须工整、规范。他们管这一套叫“写字教学基本功”。

于是我就依样画葫芦，第一周系统地教了标准写字姿势和基本笔画“横、竖、撇、捺”后，布置了大量练习作业。第二周上课，二年级全班18个学生中，只有3个交上了作业，其他学生不是忘了写，就是忘了带。

在复习基本笔画的环节中，一些学生仍将横认成竖，大多数学生也分不清撇和捺；让他们分组到白板上写笔画，横从右到左，竖从下而上；让他们写字，“木”的笔顺成了竖捺撇横。望着白板上歪七扭八的汉字，我欲哭无泪。

学了两周，学生的姿势和字体仍无法达标。在课堂上，不是不断纠正姿势就是擦掉重写，精疲力尽的我越来越烦，学生们上课更是“一把鼻涕一把泪”的，好不凄惨！

那一段“度日如年”的日子非常难过，无助、无力又无奈的心情至今难忘。

课后分析 / 解决方案

首先，此案例中所谓的“基本功”是形式化的行为表现，那不是教学方法。资深老师愿意分享教学经验是难能可贵的，但“依样画葫芦”只能得其形，不能得其韵，学生既无法体会汉字之美，也无法享受学习的乐趣。

写字给人的印象是静态、无趣的，但在课堂教学中，尤其是儿童写字课，老师其实可以选用一些较为活泼的教学方法，如戏剧、游戏和故事，让学习变得更有趣、更生动。

故事教学就是其中一项可行的教学方法，它符合儿童由简到繁、由易到难、由浅入深的认知规律。《跑得最快的“横”》是学生们最喜爱的一则故事：

> 四个好朋友“横、竖、撇、捺”常常一起赛跑。“横”跑得最快，每次都得第一，“竖”得第二，“撇”得第三，跑得最慢的是“捺”。渐渐地，“横”变得骄傲了。其他笔画跑得慢，它等得不耐烦，就自己到公园里去玩儿。有一回，“横”在公园里荡秋千，遇上一只大黄狗，它吓得大哭。“竖”“撇”和“捺”来了，大家集合在一起，变成“木”，吓走了那只大黄狗。“横”知道自己不好，向其他笔画道歉。其他笔画说：“没关系，知错能改就是好孩子。”后来“横”带着其他笔画一起跑。它的朋友越来越多，大家都好喜欢它。从此，“横”不但是最快，也是最快乐的笔画了。

这个故事有情节、有画面，学生不但认识了笔画，也记住了基本笔顺“先横后竖、先撇后捺”。此外，这个故事也可以用来练习基本礼貌用语“对不起、没关系”，还可以教给学生一些待人处事的道理。

此教学法适用于小学低年级汉语学习班，故事内容浅显易懂，用词简单且重复性强（如“跑、快、慢、骄傲、哭、笑、害怕、喜欢”等），即便是零基础班学生也可以通过动作法和情景法了解词语的意思。

同时老师也可以配合故事，设计如下一些课堂活动来深化教学内容：

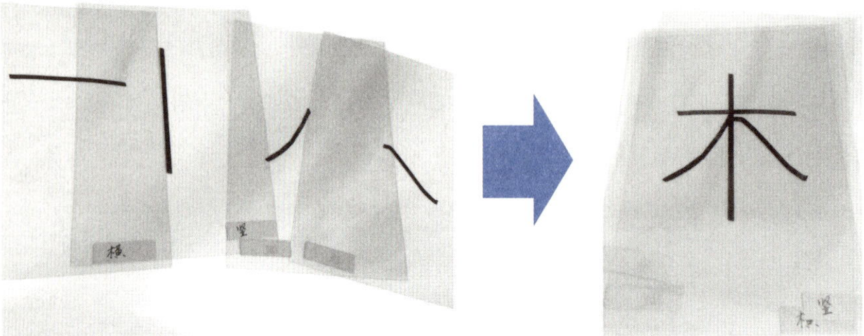

能自由拼凑成字的笔画透明胶纸

1. 用写上"一（横）、丨（竖）、丿（撇）、㇏（捺）"的透明胶纸说故事、介绍笔画和讲解笔顺。透明胶纸容易拼凑，一目了然，是制作汉字的好材料。

2. 老师用粉笔在球场上画出笔画，让学生按箭头指示"走字"。如"木"字，请四位学生各走一笔。还可以用蘸上水的拖把在球场上写笔画；用树枝在沙坑上写笔画；用纸粘土做笔画，合成文字；在地毯上摆出不同的字，如"二、十、木、小、千"等。

3. 老师列出一些字，请学生指出或用荧光笔画出特定笔画。这个方法能让学生练习分析汉字结构，有效加强学生对汉字的认识。

4. 设计课堂游戏"找朋友"。如"木"，四个学生必须相互配合，以先横后竖再撇再捺的顺序拼凑出来。老师可以随课程内容更改组别，加入其他笔画。这个游戏可以帮助学生记住正确的笔顺。

5. 安排话剧表演。以《跑得最快的"横"》为脚本，让学生用简单的语句来设计对白和旁白，零起点的初学者也可以画画来叙述故事情节，简单设计对白和旁白，增添课堂活动的趣味性。演出后，鼓励学生分享演出心得或观后感。语言能力较强的学生可以尝试改写故事，让活动更具挑战性。演出活动一方面可以具体呈现出学生的学习效果，另一方面也能深化学生的记忆。对老师而言，则是一种更全面的教学评估方式。

6. 采用多媒体教学。平板电脑上的各种应用程序，如Explain Everything（基于iPad设计的一款白板工具，可以协作显示绘画、文字和方程式等）、汉字演变和书法练习等，不但能让教学更简易方便，也能提高学生对写汉字的兴趣。

延伸思考

枯燥沉闷的写字课加入了趣味性的活动，顿时生动起来，学生的学习也从被动转为主动，从抗拒变成拥抱。不强调对错与分数的游戏和活动让孩子们乐于尝试，勇于自我挑战。如今，写字课已经成了中文班最受欢迎的课程。

为了提高课堂学习效率，老师在课堂活动设计中必须注意以下几点：

1. 活动和内容尽量精简，时间不宜太长；
2. 安全第一，注重实用性和适用性；
3. 以学习为主，不偏离课堂教学内容；
4. 不忽略、不针对，尊重个别差异；
5. 多鼓励，不责难。

"兴趣是最好的老师"，每一个阶段的汉语教学都有其难度，但有趣的课堂活动可以培养学习兴趣，成为学生求知的推动力，使他们都成为"乐学者"，我想这是所有汉语老师所乐见的。

参考资料

1. 舒兆民. 华语文教学[M]. 台北：新学林出版股份有限公司，2016.
2. 田本娜. 汉字教学要遵循儿童的认知规律[J/OL].(2014-09-15)[2015-02-10].http://www.pep.com.cn/xiaoyu/tuijian/201409/t20140924_1218911.htm.
3. 王静宇. 单元写字指导课趣味探究[J/OL].(2015-03-26)[2015-09-15].http://www.pep.com.cn/xiaoyu/jiaoshi/jxyj_1/shizi/xiezi/201503/t20150326_1230562.htm.

专家点评

小学非母语班的汉字教学有一定难度。该案例作者在教学中采用了各种非传统的方法，其设计理念和实际操作都有可取之处。

用故事引入笔画和笔顺，用拖把、树枝等练习写字，可以引起学生的兴趣；用透明胶片拼凑汉字以介绍笔画和结构，这个方法简单实用，取材、制作容易，不需要高科技手段和设备，具有很大的课堂应用潜力；标涂笔画、“找朋友”、话剧表演为汉字课堂增添很多乐趣；多媒体和电脑应用程序似乎也是当今汉语课堂不可或缺的辅助工具。

延伸思考比较成熟，有一定深度，尤其是第四点——不忽略、不针对，符合“融合教育（Inclusion）”这个目前十分流行的教学理念。

可以进一步思考：如何处理趣味活动和教学任务的关系，或者如何在有限的课程时间内让每个学生都能更多地具有实际意义地使用汉语。

案例12 趣味汉字教学法的新尝试

程雪敏

教学地点 马来西亚吉隆坡

教学对象 （1）年级：中学七、八年级

（2）国籍：马来西亚不同族群的学生和少数外国学生

（3）第一语言：英语和马来语

教学任务 通过书法讲座和实际操练，激发学生学习汉字的兴趣。

案例正文

我教的两个班学了大约六年的小学汉语和一到两年的中学汉语。随着学习难度的加深，有些学生开始对汉语失去兴趣，对汉字书写更显得厌恶。为此，学校中文部举办了一个结合书法和文化的汉字教学活动，希望可以重新激起学生学习汉语的兴趣。

校方特意从东方人文艺术馆请来一位书法老师和一位剪纸老师，为学生讲解与汉字相关的文化知识。书法老师讲解了书法字体的演变，从甲骨文到行书各有什么特点。接着便安排学生进行实际操练，先把事先准备好的学生姓氏或名字的篆体字形和宣纸发给他们，让他们在宣纸上临摹，然后再给每个学生发一件白色T恤，让他们利用书法加上自己的创意，把篆体姓氏或名字写在纪念衫上。学生在此项活动中表现得十分积极，不仅写上了书法字，甚至还配上了图画。

此外，剪纸老师也向学生展示了一些汉字的剪纸工艺，让他们动手剪“春、日、中”等对称的汉字，从而启发他们去探讨汉字的奥秘，不再对书写汉字感到无趣。

这两项活动一共花了四个小时，共有37个学生参与，活动场地为学校讲堂。由于人数太多，地方太小，活动进行时场面相当拥挤。在活动期间，学生要求书写不同的字体、不同的字，场面一度很混乱。

学生亲手将篆体姓氏写在T恤上，有的还画上猴、竹等美化设计。

课后分析 / 解决方案

以上为一个结合书法和文化的汉字教学案例，通过讲座和实际操练的方式，让学生对汉字文化有了不同的认识和体验，从而激发了对学习汉语、学习汉字的兴趣。对于现在的中学生来说，用电脑、手机、iPad打字的时间远比拿笔写字多得多。很多汉字的笔画多，结构复杂，学生容易对书写汉字失去耐心与信心，因此，老师必须寻找一些有意思且有效的方式来提高学生的学习动机。

本案例值得借鉴的有以下几点：

第一，学校中文部重视学生的学习动机，举办了一个类似汉字书法与汉字剪纸的体验活动。若是单凭老师一人的力量，没有得到校方的支持，要举办一个这样的活动比较困难。因此，老师和校方之间的沟通十分重要。

第二，老师先安排专家讲解书法知识，再让学生体验用毛笔写汉字，我认为这样的安排比较妥当。这样可以让学生对汉字有更深入的了解，对于记忆汉字有帮助。

第三，除了书法以外，专家也利用汉字一些对称的特性，用纸剪出汉字，进一步增加了汉字学习的趣味性。

本案例还需加强的有以下几个地方：

第一，老师在安排以上的活动时，要注意场地的安排，避免过于拥挤，不方便现场指导。

第二，专家除了讲解书法对汉字的重要性，也应该提到硬笔书写的技巧。学生一般使用硬笔书写汉字，容易对电脑里的印刷字和实际书写的汉字产生混淆。

举办活动时须根据活动的性质安排场地，例如写书法比剪纸需要更多的空间。

第三，书法和剪纸体验课应分开。在四个小时内要完成讲解和练习，时间太仓促，学生可能还未完成一个作品，活动就结束了。在书法体验中，学生握笔的姿势很重要，应及时纠正；在剪纸体验中，老师可以准备材质较软的传统红纸以代替普通的颜色纸。

第四，可以规定学生只练习一种字体，同时也准备其他字体的摹本，在活动结束时再发给学生，让有兴趣的学生回家练习。这样一来，老师比较容易控制课堂秩序，也能够满足学生想练习不同的字体的愿望。

本案例也适用于中国文化教学，利用活动向学生展示中华传统才艺。另外，如果老师要把上述活动带入小学汉语课堂中，必须控制活动的人数，因为人数太多，场面容易失控，不易管理。年纪太小的学生在写书法的时候，老师还得从旁监护，以免学生打翻墨汁，或者拿墨汁来打闹。

延伸思考

对于国际汉语教学来说，汉字教学一直是较难的一块，许多学习者往往会在学习中因为遇到种种挫折而选择放弃。那么作为一名汉语老师，是否应该反思如何提高学习者对于书写汉字的兴趣呢？我认为，首先老师在教授汉字课时不应该灌输“汉字是世界上最难的文字”这个观念，这会导致学生对于书写汉字产生负面心理压力；其次老师在使用板书的时候也要随时检查自己，不管是汉字的笔顺或笔画都应该严谨遵照其规范。老师们应该秉持着学好汉语、写好汉字的信念，让汉字之美得以传播。

参考资料

1. 唐巍人. 简析汉字的艺术精神在汉语国际教育中的意义[J]. 青年作家（中外文艺版），2010 (10).
2. 王磊. 汉字书法体验式教学评价体系的建构与分析——基于对外汉语课堂教学[D]. 山东大学硕士学位论文，2012.

专家点评

这是一个相当成功的尝试，无论内容、安排还是分析都相当到位，在其他学校也很容易复制以及进一步推广。

首先，最值得肯定的是老师充分利用当地的资源，从比较专业的艺术馆请来书法和剪纸老师，尝试与平常课堂中不一样的活动，让学生倍感新鲜，激发他们对学习汉语的好奇心。另外，采用校外资源举办全校或者全年级活动，可以“高调”地在学校及家长群中宣传汉语学习，让教学活动获得更多支持。

其次，整体活动突出汉字特点，安排灵活，选择有对称性的汉字做手工，既简单又有趣，让学生们尝试后很有成就感，可以顺利达到预期的目的。

第三，这项活动也能够从多角度多方位介绍有关汉字的文化，包括让学生们体验毛笔的使用、书法的练习、国画的尝试以及认识汉字的演变历史，甚至有机会让学生认识自己的姓氏来源，这对每个学生来说都是难得的机会。

课后分析也相当有效，非常值得老师们借鉴。

案例13 艺术点亮汉字课堂

蔡丽虹

教学地点 新西兰奥克兰

教学对象 （1）年级：小学四年级

（2）国籍：新西兰

（3）第一语言：英语

教学任务 （1）学生了解汉字的起源，并熟悉30个象形文字的形和义。

（2）学生熟练掌握数字1—10的汉字写法。

（3）学生体验并欣赏汉字的艺术表现形式——书法。

案例正文

教学之初，我一直犹豫该不该从一开始就向学生展示汉字。同时，我也忧虑在教学时间严重不足的情况下，是否该涉及汉字教学。令人惊喜的是，就在我举棋不定的时候，我所执教的三个班都有学生陆陆续续问我如何用汉字来写他们的名字。尽管许多学生的汉语名字结构并不简单，但他们临摹起来都有模有样的，并很兴奋地告诉我回家后要写给父母看。有时我也会发现部分学生在课堂上“偷偷”临摹词卡上出现的汉字，由此察觉到，对于这个阶段的孩子来说，学习汉字既新鲜又有成就感。于是，我对汉字教学进行了初步的总体设计，分三个阶段依次展开：首先从汉字的起源入手，利用汉字的图像性吸引学生；第二阶段将学过的数字从口头表达转为书面形式，呈现汉字的结构性；最后将书法融入汉字教学，进一步提升学生对汉字艺术性的认知。

整个过程中，最让我惊喜的是，学生们的好奇心和创造力得到了充分地激发。有的学生在猜测象形字时会惊异于自己的想法与中国古人不谋而合，佩服古人造字的智慧；有的在“图画汉字”的过程中，达到创作的巅峰；有的在“解汉字数学题”时兴奋不已；而有的则彻底沉浸在笔墨下的汉字书写中……

课后分析 / 解决方案

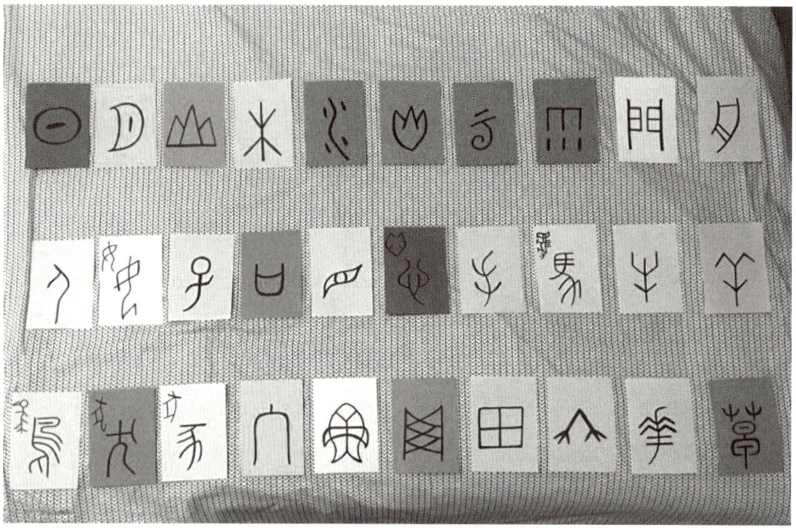

我通过30个手工绘制的象形字，带领学生们进入神奇的汉字世界。

第一堂汉字课上我抓住学生画汉字的习惯介绍了30个象形汉字，旨在解析汉字确属图画起源，卸下孩子们的心理负担。课前我将手工绘制的象形字陈列在白板上，学生一进教室就议论纷纷。然后，我让孩子们逐一猜测每个汉字的含义，并让他们对照文字的演变过程，感知汉字图像性逐步弱化而象征性逐步加强的特点，继而引出基本笔画的学习。“这个像是船上的两个座位，这是船桨。（舟字）”“这个是中国的大门，有两扇，和你们家的可能不太一样。（門字）”随着一个个汉字密码的解开，孩子们畅所欲言，像发现新大陆似的，兴奋不已。

认识了30个象形字之后，我们组织的创意活动将这节别开生面的汉字课推向了高潮。我们乘坐时光穿梭机，回到了三千年前的中国，我们要用这些古代中国人的密码，和他们分享我们的故事：“这是一个阳光明媚的日子，我和爸爸妈妈坐着小船去河边钓鱼……”“晚上，我在山上发现了一匹小马，我骑着马儿回家……”一个个美丽的汉字故事出现在孩子们笔下，天马行空，妙笔生花。直到下课，孩子们依旧沉浸在创造和分享自己的汉字故事中……

学生用象形符号串连起来的小故事。

第二次汉字课安排在数字教学之后，学生学写数字“一”到“十”。落笔前，我先带学生练习一套数字操，用身体比划出每个汉字的结构，加深第一遍印象。教学时，我再次强调基本笔画，故意将“点”描成圆圈，学生们不亦乐乎地帮我改正。在比赛汉字数学题时，每个小组都拿出了百分百的斗志，比拼快速提取记忆和准确书写笔画的能力。同样，为了发散孩子们的想象力，我设计了“藏起来的数字”活动。每个孩子创作一幅画，并把十个数字设计到画中：“我的数字是冰淇淋上的水果”“我的是十个车厢”“我的是恐龙身上的斑点”“我的是小兔子的萝卜”“我设计的是我们学校的十栋建筑”……每个人津津有味地创作、分享，那种投入感和自豪感令人欣慰。

孩子们将“一”到“十”的汉字融入自创的画中。

在第三次汉字课上，我加上了书法学习，让孩子们走进书法艺术的同时，练写“马、牛、羊”三个汉字。一方面考虑到新西兰是畜牧业大国，另一方面这三个汉字均源于第一堂汉字课中的象形字，孩子们并不陌生。大家在水写纸上充分练习，然后用墨汁在设计好的扇面上进行书写。看着装裱起来的作品，我和孩子们一样兴奋。

在实施上述三种汉字教学方法后，我发现最成功的部分往往是将课堂还给学生，让学生发挥主动性的时候。比如“图画汉字”活动，学生任意组合这30个象形汉字，创作有趣的故事；比如“藏起来的数字”，学生将十个数字巧妙地融入图画中，仿佛是一次编码和解码的探秘活动。新西兰小学注重全面教育，鼓励将艺术教学渗到课堂的点点滴滴中，这些汉字教学活动正是由于符合本土教育特色，才受到了孩子们的喜爱。

但是，由于教学时间有限，每个活动都无法充分细致地开展。有的班里学生对“图画汉字”活动特别热情，只能再另外抽出一些时间进行。最突出的问题是最后的书法课，一方面教学内容过多，另一方面学生的实战操练时间太仓促，草草收尾。总体来看，每个活动都能有效激发学生的学习兴趣，但似乎都在兴趣高涨时戛然而止。这就要求汉语老师在教学设计时要把握好时间进度，突出教学重点，同时注意省去或弱化无足轻重的部分。

孩子们各个化身书法家，
用毛笔在事先设计好的扇面上写汉字。

延伸思考

汉字作为中华文化的瑰宝之一，若只是机械地一笔一划描摹，未免缺失了太多艺术气息。倘若老师首先重视汉字的艺术性，那么教学设计也必将充满艺术性。无论是汉字故事的编写，汉字与绘画的结合，还是汉字在书法中的升华，这些活动无一不是让学习者在审美中走进中国的文字。很多时候，我们的汉语老师因为缺乏相关经验，往往会过分关注活动的实际操作，而忽略了活动设计本身的意义。

其次，在海外汉语教学，尤其是针对低龄儿童的教学中，汉语老师适应本土的教学环境至关重要。“自由、独立、快乐地学习”是新西兰小学教育的特色，所以三次汉字课的设计都在贯彻这些原则。试想，如果还是照本宣科满堂灌地介绍汉字知识，那结果很可能就是孩子们对汉字避之不及。愉悦地学习，放飞身心地学习，激发内在动机地学习，才是我们希望创造的课堂氛围。

参考资料

1. 黄金城. 海外汉字教学呼唤改革创新——探寻“汉字难”的破解之道[J]. 云南师范大学学报（对外汉语教学与研究版），2014(6).
2. 李解. 新西兰惠灵顿的小学汉字教学及对策研究——基于惠灵顿两所小学的调查[D]. 复旦大学硕士学位论文，2013.
3. 王怡. 课堂游戏在儿童对外汉字教学中的运用[D]. 复旦大学硕士学位论文，2012.

专家点评

案例作者从汉字的形与义切入，开拓创意性学习，把汉字密码的钥匙交给学生，给汉语课堂平添了几分情趣。

很多国际汉语老师都会让学生从“画”汉字开始，从而建立形与义关系概念。案例作者与众不同的是她加深了活动深度，甚至让学生用象形汉字创作故事，这是她把课堂还给学生的一个例证。在“图画”故事的过程中，老师帮助学生看到了汉字之间的关系、故事与他们生活经历之间的关系以及中国与所在国之间的时空关系。

我们必须承认，从打开汉字密码库到熟用这些密码是一个长期、持久的过程，因此可以就该案例提出进一步思考的问题：1.如何提高课堂活动中汉字的使用密度？如孩子通过画扇面学会了多少汉字。2.让孩子们自己创造汉字的形与义源流有哪些利弊？

案例14 拼音入门，手势发音

陈宣竹

教学地点 韩国春川市

教学对象 （1）年级：中学七、八年级

（2）国籍：韩国

（3）第一语言：韩语

教学任务 学生学习掌握汉语的六个重要单元音“ɑ、o、e、i、u、ü”。

案例正文

第一次走进初中的课堂难免有些紧张。第一节课，我打算像往常一样教授汉语中最基本的六个元音“ɑ、o、e、i、u、ü”。当我把准备好的元音字母贴在黑板上，打算带领学生一起读的时候，我发现班级的气氛并不是很好，很多学生只顾低着头做自己的事情，有的学生抱着肩膀看着我，让我很紧张。我开始带领大家读拼音，但是很少有孩子愿意张嘴跟我读，即便是张嘴读的孩子，发音也不到位，这让我很受挫。因此，我当机立断决定将手势加入学习中，引起学生的兴趣。

在这六个元音中，“ü[y]”对于大多数韩国人来说比较难。因此，我在讲解时，先引入“i[i]”这个发音。我让学生将两个食指分别放在嘴角两边，用手把嘴角咧开，想象自己在开心地微笑，顺势发出“i[i]”这个音。练习“ü[y]”的时候，我让他们用两个食指把嘴角两边向中间聚拢，拢圆并固定住之后再发音（“i[i]”与“ü[y]”的舌位相同，区别在于是否圆唇）。使用这个方法后效果不错，学生能够在“i[i]”和“ü[y]”两个音之间轻松转换。另外一个对韩国人来说比较难的音是“e[ɤ]”。受英语思维的影响，大多数学生会将这个音误发为“e[i:]”。当我告诉学生，这个音发四声“è”就是“배고프다（饿）”的意思后，学生随即就问“나는 배고파요”怎么说，我说是“我饿了”的意思，学生们纷纷和身边的同学边做肚子饿的动作边学着说这句话。

在大家都很积极地和旁边的人练习的时候，我发现坐在远处的一个小男孩一直不张嘴也不

和身边的同学互动。于是我走到他旁边，敲了敲他的桌子，示意他和我一起练习。他似乎有些不好意思，点了点头，但仍然没有出声。过了一会儿，学生们有的似乎是对这种方式失去了兴趣，有的似乎是累了，开始慢慢松懈下来。

课后分析 / 解决方案

语言是练会的，不是教会的。对零起点学生来说，国际汉语教学应该是以实践为主的语言技能课。手势带动发音是一种非常好的练习方式，因为手的动作具有直观性，可以直接反应给大脑，比如开口度大小，可以用大拇指与其他四指的开合程度来表示。需要注意的是，老师在设计语音教学的时候一定要遵循"理解—模仿—记忆—应用"的原则，手势只是辅助教学的一种方式，并不是所有的发音都需要用这样的方法。练习的方式可以灵活多样，但是无论什么样的方式都要达到练习语音的目的。

首先，在此案例中，我根据课堂的情况及时调整了教学方法，运用了手势带动发音，成功吸引了学生的注意力，让学生跟着我的节奏走，这些做法对调解课堂气氛有非常不错的效果。

但是，在教学过程中，我没有考虑到每个学生的个性特征。有些学生性格内向，不喜欢张扬，因此我让学生练习手势发音的时候，案例中的小男孩就表现得害羞、不好意思。相反的，有些学生的性格又过于活泼，这种活泼的教学方式给了他们发挥的平台，甚至有的因为练习过度夸张还影响了身边的人，对课堂秩序也造成了一定影响。在这样的情况下，我觉得最好将学生就近分组，并和学生做好纪律约定：当我让大家练习的时候，大家可以尽情地练习；当我拍三下手喊停的时候，大家就要马上停下来。由于学生对奖惩制度都比较敏感，所以我们可以以小组的方式进行奖惩，如：让停下最快的一组获得一枚奖章等。

在教学过程中，如果遇到不配合的学生，一定要采取适当的方式提醒，比如提问他身边的人，或者走到他的身边，用动作、眼神悄悄提示他。如果他给出了回应，一定要及时鼓励或表扬他，帮助他树立自信心。

其次，我觉得手势带动发音的方法也不适合一直使用。课堂上，老师可以用这个方法活跃课堂气氛，帮助学生纠正发音。但是，如果一直用就会引起学生的反感，变成机械操作，我想这时课堂效果应该收效甚微，所以在安排课堂活动的时候，一定要合理搭配练习，不然就会出现案例中学生感到疲惫或者厌倦的情况。

综上所述，我觉得老师在备课的过程中，应该充分考虑学生的特点，比如学生的性格、年龄（很多成年人就不喜欢手势发音这样的教学方法），对课堂上可能会出现的问题提前做些准备，比如备课时，准备两套不同的教学方案，在一套行不通的时候及时更换。

延伸思考

在韩国的中学，汉语不是必修课。但是学生平时的课业非常重，如果让他们觉得汉语学习是一种负担的话，就会很容易失去兴趣。如何让汉语课堂不失趣味性，是教学的重点也是难点。

语音教学方面，大多数老师都采用老师领读、学生跟读的教学方法，这样很容易让学生觉得枯燥机械。手势发音可以帮助学生更准确地找到发音位置，同时增加反复操练的趣味性，而和同学的互动则可以营造良好的课堂气氛。这种兼具实用性和趣味性的方法是值得提倡的。

参考资料

1. 张园. 手势在语音教学中的作用[J]. 语言教学与研究，2002(6).
2. 周健. 汉语课堂教学技巧325例[M]. 北京：商务印书馆，2009.
3. 朱勇. 国际汉语教学案例与分析[M]. 北京：高等教育出版社，2013.

专家点评

该案例描述的情况很常见，记录也很真实，从这一点来说，我们必须感谢作者实事求是的精神。

目前国际汉语教学的研究常常针对语言现象，鲜少针对具体教学法的。案例中的韩国学生为什么要学汉语呢？我们很难期望初中十几岁的孩子有放眼世界的大志，有“学好普通话，走遍全天下”的远见。他们更关心的也许是这堂汉语课跟自己的生活有什么关系，或是这个汉语班里有几个可以联合起来搞点儿小动作的哥们儿。如何集中他们的注意力达到教学目标是对任课老师的考验。

案例作者的难能可贵之处在于：1.认识到学生的个性特征是设计教学活动的重要因素；2.原计划出现问题时及时改换教学方法，补救课堂上出现的尴尬局面。事实上，很多学校考察老师的工作质量时，审查教案只是一小部分，更重要的是看老师在课堂上的应变能力，因为没有人能够对活生生的课堂做出十分精准的预测。至于是否需要专门教语音，这大概是个仁者见仁，智者见智的问题。

案例15 纯正的中文发音

刘子琪

教学地点 新西兰卡瓦劳

教学对象 （1）年级：小学一至四年级

（2）国籍：新西兰

（3）第一语言：英语和毛利语

教学任务 （1）帮助学生听懂课堂指令与日常用语。

（2）通过大量的语言输入，让学生熟悉汉语的语音语调，培养语言习惯。

案例正文

新西兰卡瓦劳地区共有四所小学，我是当地第一任汉语教师志愿者，大多数学生都是毛利人，他们以前没有接触过汉语。学生对于汉语发音很陌生，尤其在声调方面完全没有概念。第一个学期我觉得学生没有基础，所以上课时还是大量使用英语，只有在教课程内容时才会说汉语，但是效果不是太好，因为感觉汉语对于学生来说还是很碎片化，说句子很困难，更难形成说汉语的思维习惯。

在教学过程中，我认识到对于初学者来说，大量的语言输入反而更为重要。于是，我逐渐改变了教学方法，开始尝试多说一些汉语，包括课堂指令"准备好了吗、举手、起立、坐下、很好、告诉我、大声一点儿、到你了"等等，以及一些常用的日常表达，如"你叫什么名字、你多大、几点了、星期几、开心吗、下雨了、风好大、有点儿冷、好热、很舒服、为什么"等等。有时我也会根据教学情况加一些有趣的内容，减少使用中介语做解释，多让他们通过情境去猜测和理解意思。

实践证明，这样做对于培养学生的口语和听力都很有好处。经过一个学期的学习，绝大多数学生对汉语的发音和声调都有了基本的了解和认识，我带的两名学生第一次参加罗托鲁瓦地区的中文演讲比赛，就获得了不同组别的第一名。

课后分析 / 解决方案

这里的“纯正中文”主要是指两个方面：声调和语速。因为通过教学对比发现，如果一开始就引入声调的概念，可能起步会稍微困难一些，但是他们学习很认真，一旦掌握了后面学习发音会越来越容易，所以我觉得还是“磨刀不误砍柴工”。如果一开始想要降低难度把“nǐ hǎo”说成“ni hao”，后面再想要纠正音调就非常困难了。所以我一直很强调纯正的中文发音。

在语速方面，我也做了一些调整。以前我会故意放低语速，觉得这样可能更利于他们理解。但其实对于初学者来说，语速快慢影响并不是很大，因为一开始都是听不懂的。相反，如果一开始就使用正常的语速，会让他们更加适应汉语的日常表达。除了在教发音的时候会降低语速，其他情况下我都是用正常的语速跟学生交流。

延伸思考

新西兰没有统一的汉语教材，当然也没有统一的语音教材，所以我们要根据学生的学习特点来编写适合他们的教材。我教的学生很多是毛利人，本身就有说英语和毛利语的双语背景，所以对他们来说接受语言的多样性和特殊性不是那么困难。英语、毛利语的元音和汉语的元音都有相似点，教学的时候可以从不同语言的对比切入。

参考资料

1. 李智强. 汉语语音习得与教学研究[M]. 北京：北京语言大学出版社，2018.
2. 毛世桢. 对外汉语语音教学[M]. 上海：华东师范大学出版社，2008.
3. 宋海燕. 国际汉语教师语音教学手册[M]. 北京：高等教育出版社，2015.
4. 孙德金. 对外汉语语音及语音教学研究[M]. 北京：商务印书馆，2006.

专家点评

老师对语言输入的认识非常到位，并且准确把握了学生的问题症结所在，及时使用目的语的课堂指令以提供更有效的语言环境，在汉语课堂中不断创造汉语环境，让学生熟悉汉语的语音、语调、声调，减少对汉语发音的陌生感。

在汉语零起点的初级班，能准确把握目的语的课堂指令非常关键，特别要注意使用哪些课堂指令、什么时候用以及在使用时如何配合肢体语言，这样学生才容易理解，容易记忆。

另外，老师采用对比的方式，把汉语的发音与学生熟悉的毛利语和英语进行对比，让学生能够快速准确地把握正确的发音，这点值得提倡。

在此案例中，老师所强调的“纯正中文”是指准确的声调和合适的语速。作为初级班的老师，应该以稍微缓慢、但有停顿的清晰发音的方式与学生交流，但是万万不可强调“纯正”二字，否则学生们会因为担心自己的发音不够纯正而有所顾虑，不敢尝试。这是教语言初学者的大忌。

Chapter 3

第三章 语言技能教学

案例16 听说先行，创意图片教拼音

徐 晖

教学地点 印度尼西亚雅加达

教学对象 （1）年级：小学二年级

（2）国籍：印度尼西亚

（3）第一语言：英语和印尼语

教学任务 学生通过带有汉语拼音的图片掌握汉语音节的读音。

案例正文

二年级基础班的学生已经学过一年汉语，但很多学生仍然没有入门，对汉语这门语言的理解还停留在汉字几个偏旁部首的英文意思上。根据学生的学习情况，我简单制定了他们二年级一学年的主要教学内容，包括汉语拼音，汉字的结构、笔画、笔顺，简单的独体字以及一两个主题教学。

我发现，学了一年的汉语之后，有些学生已经对汉语失去了兴趣，觉得汉语很难学，汉字的笔画太多也没办法记住。有些学生甚至错误地认为学习汉语就是学习写汉字，知道每个汉字的笔画和意思就是他们学习汉语的全部任务。“写”对于这些准备入门的孩子来说，就是一只很大的“拦路虎”。相较于英语，汉字复杂的笔画及结构让这些孩子们望而生畏。

为了增添汉语学习的趣味性，我开始探讨和实施不同于其他老师的教学方法。学习汉语拼音时，我会给每个字母一个有意义的图片，并由此给学生一个有意义的音节。过去，老师过分强调读音的准确性，大量时间做拼读和纠音。我认为学生在准确把握读音的基础上，更需要了解音节的意义，否则汉语拼音对他们来说就是“无源之水，无本之木”。不知道学习音节的意义何在，也就容易忘记。因此，只是学习汉语的拼读规则是不够的，丰富的图片、直观的感受能让学生觉得汉语原来是有趣的、有意义的。

汉字的字形对这些善于直观记忆的孩子来说不是难点，因为他们现阶段接触到的汉字大部分是象形字和指事字。象形字便于直观记忆，指事字的意义也很容易理解。加上一张实物图片，学生很快就能掌握汉字的意思。难点是学生不能把字形和字音联系在一起，如："山"的读音为什么是"shān"。当然，学生经过反复不断地练习，确实能把两者联系起来。可是不久后，他们就会忘记。于是，我就先不给学生汉字，而是让学生先通过图片学发音。学生能把"音"和"图"联系在一起后，再给他们汉字。这个方法也可以用在词汇教学。直观的图片大大降低了学生对概念理解的难度，特别是小学生的形象思维强于抽象思维，通过图片学习能更有效地帮助记忆。

课后分析 / 解决方案

听、说、读、写是语言的四项基本技能，但我们在使用一门外语的时候，80%的时间都是在运用听、说这两种技能。因此，"听说先行"既暗合了我们语言运用的特征，也符合语言习得的一般规律。特别是对于刚开始学习汉语、模仿能力很强的小学生来说，通过模仿老师学习，学生能更快地掌握这门语言。因此，听说训练贯穿了我整个学年的教学。每次上课前，我都让学生用汉语进行简单的问答，如"你好吗？""谢谢！""你今天做什么？"等。这些简单的问题不用特意去教，只需通过多几次重复练习，学生便能在潜移默化中习得，内化为一种交际习惯。随着时间的推移，学生积累的句子越来越多，交流越来越自如，学习汉语的积极性也就越来越高。

在学生形象思维占主导的阶段，丰富的图片更易于理解，"看图说话"比"看字记字"更加有效。学生在习得语音的同时，也了解了语音背后的意义。比如：讲到"po"这个音节的时候，我会给孩子们一张老婆婆的图片，告诉孩子们"pó"这个音节能代表外婆的意思。声调发生变化时，意义也会变化，读一声时展示泼水的图片，读四声时展示一件破旧的衣服。讲到"ma"的时候，"mā"的图片是一个表示"妈妈"的中年妇女，"mǎ"的图片是马等等。不需要从理论上强调声调的重要性，学生自然就能理解。

泼　pō

婆　pó

破　pò

教音节"po"时，我给学生三张分别对应不同读音的图片，让他们了解语音背后的意义。

低年级小学生的普遍特点是好动，长时间坐在座位上，容易分神儿。因此，让学生动起来也很重要。如学习“pā、pá、pà”的时候，我会让这些低年级的孩子们跟着做动作，充分参与到学习中，感受快乐的学习氛围。让学生参与到老师为他们设计的活动中来，一方面可以让学生以更轻松的方式记住知识，一方面也能让那些已经走神儿的学生重新集中注意力。当然，在组织类似的活动时，学生很容易玩得兴奋，从而“得意忘形”。因此，老师应该事先与学生定好规矩，控制好课堂秩序，否则容易舍本逐末，主次颠倒。

“听说先行”的另一个重点就是要让学生多听。尽管在课堂上还不能完全用汉语进行教学，但是老师大部分时间要说汉语，让学生习惯汉语的发音。一年下来，学生在不知不觉中学到了很多课本以外的内容。例如：有的学生要示意其他同学安静时，会说“小嘴巴，闭起来；大眼睛，看老师”；有的学生回答问题回答得很好时，同学们也会说“棒，棒，你真棒”。

“听说先行”的原则适合刚开始接触汉语的学生，是因为他们遇到的语言内容还较少。随着语言内容不断增多，老师就必须逐步增加学生汉语阅读及书写技能的训练。

延伸思考

印度尼西亚低年级小学生的强势语言是英语和印尼语，它们的文字都是表音的，而汉语是表意的。他们学习英语和印尼语的时候习惯从听、说入手，所以在教汉语的时候不妨先顺应他们的学习习惯，从语音入手，让学生先积累一定量的词汇语音。

虽然目前印尼很多国际学校开设了汉语课程，但是受到课时、语用环境等因素的制约，课程设置方面还是偏向于注重学生的读、写技能。因此，有些学生读、写能力很强，听、说能力却比较滞后。注重“听说先行”能培养学生语言交流的意识，增强学生口语表达的能力。

学生年龄越小，模仿能力越强。增加学生听、说技能的训练量，也有利于提高语音的准确性。

参考资料

1. (美)海伦娜·柯顿，(美)卡罗尔·安·达尔伯格. 语言与儿童：美国中小学外语课堂教学指南(第四版)[M]. 北京：外语教学与研究出版社，2011.
2. 刘珣. 对外汉语教育学引论[M]. 北京：北京语言大学出版社，2000.
3. 文秋芳. 二语习得重点问题研究[M]. 北京：外语教学与研究出版社，2010.
4. 杨惠元. 国际汉语教师课堂教学法[M]. 北京：北京语言大学出版社，2018.
5. 杨惠元. 汉语技能教学法[M]. 北京：北京语言大学出版社，2019.
6. 张琳. 初级对外汉语综合课中的图片辅助教学研究[D]. 兰州大学硕士学位论文，2017.

专家点评

“听说领先”似乎是外语教学的一个强势原则，其原因很多，但最重要的大概就是遵循母语习得的规律，即先会听说，后学读写。该案例作者采用“听说先行”的教学法，主要是要纠正以读写为主所产生的弊端。不论学生日后使用汉语口语更多还是文字更多，在学习阶段，用听说为主的方法起码可以提高学习效率。

在此案例中，作者认识到口语练习能够给课堂带来活力，更容易创造生动有趣的学习体验，并且在教学实践中得到了证明。“延伸思考”中积累词汇语音的概念比较新颖，换一个说法可以是积累语音词汇或口语词汇。

可以进一步思考的问题：1.如何确定一个国际汉语课程中听说和读写的最佳比例？2.语音教学如何服务于语义教学？

案例17 交叉式的口语教学

高 杰

教学地点 新加坡

教学对象 （1）年级：小学二年级

（2）国籍：澳大利亚和新西兰

（3）第一语言：英语

教学任务 （1）学生熟练掌握句型“……多少钱？”

（2）学生能够在生活中灵活运用“……多少钱？”

案例正文

在对二年级学生进行“多少钱？”这一单元的汉语教学时，我做了以下尝试：

第一，让学生不断练习读和说。我让学生齐读、轮流读、两个人一组对话、两个人一组分角色上前展示。但做了大量的练习后，我发现问题来了，学生的语言非常固定，大多只会说“鱼多少钱？”“鱼两块钱。”跟演示板上的内容一模一样。

第二，为了解决学生死读固定对话的问题，由我跟学生进行对话，并且逐渐添加不同的词语、短语，如“你今天午餐吃了什么？”“意大利面多少钱？”“你喜欢吃意大利面吗？”……学生一开始会有点儿摸不着头脑，练习多了便渐入佳境。但他们在回答问题时，所用的词语还是比较单一，如“意大利面、两块钱、喜欢”。

第三，由于“……多少钱？”这一句子在生活中比较常用，因此我给学生们在周末布置了一个任务，让他们用汉语去买东西，或者打听价钱。学生们很兴奋，但又有很多顾虑。他们担心听不懂别人的回答，也担心对方不跟他们讲汉语等等。我鼓励他们：“只要你说了‘……多少钱？’这句话就行，其他的不重要。”星期一回来，很多学生和家长向我反映，学生们尝试去说了“……多少钱？”这个句型，而且还重复说了很多次。

第四，我打印了一份带所学食物名称及图片的中文菜单，把学生分成几组，有人当食客，

学生扮演食客和服务员，模拟在中餐馆用餐的情境。

有人当服务员，在课堂上模拟去中餐馆用餐的情况，以此让学生进行汉语对话练习。经过这一系列的口语练习后，学生可以进行询问价格的简单对话了。

课后分析 / 解决方案

我认为单一的朗读，并不能使学生达到跟别人用汉语对话的目的。因此，我在本案例中做的一系列口语教学的尝试，是想交叉地运用多种口语教学训练方法，让学生能够把课堂上学到的句子充分运用到实际生活中。本案例中的口语训练可分为三步：第一步朗读训练，第二步模拟训练，第三步实战训练。

朗读训练是口语教学中不可缺少的一环，可以夯实基础知识。朗读要多次重复，所以老师要注意变换读的方式，可以齐读、分组读、两个人一组分角色读或扮演角色读。这样一来，在读的过程中，学生就不会因为多次重复一样的句子而感到枯燥乏味了。

我在进行口语教学第一步时，尽管用尽了各种方法，但学生只能掌握“死的语言”——背出演示稿上的对话，并不懂得如何使用这些语言。所以，我做了第二步模拟训练的尝试。在这一环节中，老师扮演了一个十分重要的角色——现实生活中的汉语母语者。老师应尽量模拟实际生活的场景，灵活使用学过的内容，又要控制用词，一方面让学生适应实际的语言环境，另一方面又能用课堂所学完成交际任务。

语言只有运用到实际生活中，才能证明语言学习是有意义的。学生已经熟悉了老师在课堂上的语音和语速，可是现实生活中他们遇到的语言环境将是复杂多变的，所以实战训练必不可少。因此，我又鼓励学生去做第三步尝试，把“……多少钱？”这个句型运用到生活中。我鼓励他们在搭出租车、去中餐馆用餐或去找超市买东西时，跟新加坡本地人用汉语交流。星期一回来，学生们都很兴奋，因为他们觉得自己可以说汉语了。他们都很希望把自己学到的语言在生活中变得鲜活起来。

上述每一个步骤都有不同的训练方法，因而形成了交叉的训练网，让每个学生都有机会充分练习，达到良好的学习效果。在不同环节中，老师时而充当指导者，时而充当陪练者，时而充当听众，时而充当协助者，因此，要根据训练目标，及时调整自己的干涉力度。

延伸思考

口语教学的方法要丰富多样，以完成不同阶段的口语训练目标。初级水平的口语教学应该注重兴趣培养，多设计一些有趣的练习活动，反复训练，熟练掌握。教中级水平时就要以语言知识为主，在朗读、对话、练习等方面多下功夫，让学生掌握扎实的听说读写基本技能。教更高水平时则要考虑让学生了解一定的中国文化知识，提高文化素养。

参考资料

1. 李晓琪. 对外汉语口语教学研究[M]. 北京：商务印书馆，2006.
2. 徐子亮，吴仁甫. 实用对外汉语教学法（第3版）[M]. 北京：北京大学出版社，2013.
3. 魏红. 汉语作为第二语言教学. (2013-10-04)[2016-08-20]. http://wenku.baidu.com/link?url=1u-irbGqr7jXt-zcY5-FM-aa2TJtPhIGaxBf7RlMyype8X3sHgXfAxfowMt2OJ-AZpXf9OmCAchsmxXKC2E2PZLsxqXjbrL5OiY8cbn5XsW.
4. 论在对外汉语综合课教学中突出听说训练. (2014-10-21)[2016-08-20].http://www.92to.com/xuexi/2016/02-27/1522827.html.
5. 听说教学法与对外汉语教学. (2012-12-21)[2016-08-20].http://www.zxbu.com/7/view-3800072.htm.

专家点评

该案例的核心是从“用法（Usage）”到“实用（Use）”的过渡，这也是外语教学从起步到成果的普遍路向。不论是微观上的字、词、句教学，还是宏观上的课程整体都是如此。案例记录了单个句型的三个学习阶段：熟读并掌握标准句式、扩展句型并模拟应用、在实际场景中运用所学句型。这也是从“语言能力（Linguistic

Competence）”到“交际能力（Communicative Competence）”的过渡。案例脉络清晰，过程完整。正如作者所述，“学到的语言在生活中变得鲜活”起来。

大多数国际汉语课程都在自觉或不自觉地复制上述过程，但不同的是教学方法和教学效率。案例作者勇敢地把小学二年级的孩子推上了语用实践的战场，比如去外面的商店用汉语问价、买东西；在教室里营造餐馆的场景，用角色扮演练习对话。

这里提出两个可以进一步思考的问题：

1. 如何扩大案例中教学方法的应用范围？如抽象句型的教学。

2. 朗读在学习与巩固句型过程中的作用。

案例18 “阅”读越开心

钱 召

教学地点 新加坡

教学对象 （1）年级：中学

（2）国籍：美国、澳大利亚、俄罗斯、印度尼西亚、菲律宾和新加坡等

（3）第一语言：多为英语

教学任务 丰富阅读形式，培养学生的阅读兴趣。

案例正文

我校订阅了一些中文报纸和读物来辅助阅读教学。以前在进行阅读活动时，我有时会采用老师领读、学生跟读的形式，有时则会采用学生默读，然后再分组分角色朗读的方法。阅读结束后，我会解释相关生词，要求学生必须把生词的意思写下来，以确保每个学生都能明白文章的内容。最后会讨论几个与内容相关的问题或直接做一些阅读练习，这样阅读活动就结束了。有时我也会安排一些课外阅读任务，但无法确保学生会在课外自主阅读，所以只能给学生留一些练习题，检查是否认真读了。

尽管如此，我发现在新加坡无论是政府学校，还是国际学校，学生们都非常不喜欢这种阅读方式，甚至很多学生认为阅读活动就是做练习，从而失去了对阅读课的兴趣。因此，该如何有效地进行阅读活动成了我一直不断探索的问题。

课后分析 / 解决方案

阅读不只是能让学生了解文章内容、丰富词汇量，有效的阅读活动还可以培养学生的思考能力和创造性思维，激发他们读书的兴趣，使学生享受阅读的过程。案例中生搬硬套的做法显然不适合新加坡政府学校或国际学校的学生，也不符合灵活多变的国际教学理念。

因此，我在总结经验后，丰富了阅读活动形式。例如：

- 两人合作阅读，一起读一本故事书。
- 两人分别为对方读一个故事，然后和全班分享彼此的故事。
- 全班故事接龙，一人读一句话，可随机指定学生。
- 所有人一起闭上眼睛听有声故事。
- 老师读给大家听，忽然停下来让大家预测接下来会发生什么事儿。

以上这几种阅读形式不仅将阅读的主动性还给学生，而且也激发了学生主动探究文本内容的兴趣。比如学生必须相当熟悉所读的故事，才能在全班面前分享。为了把故事说好，学生肯定会积极主动地去阅读。

此外，我也建议老师在学生阅读文本后组织阅读与口语表达、阅读与书面表达相结合的活动。例如：

- 举办阅读发布会，一个学生坐在全班面前复述自己读到的故事，其他同学对故事的情节和细节进行提问。
- 画出故事中的人物关系图。
- 用“故事山”的形式把故事梗概写出来（见下图）。
- 续写故事或改写故事的结尾。
- 给故事设计海报。
- 给故事中的人物写一封信。
- 把故事改编成广播剧或舞台剧。
- 把故事改编成漫画。

学生用“故事山”的形式讲述故事情节。

语言习得过程中，听、说、读、写四项技能是密不可分的，听和读是输入，说和写是输出。因此，在阅读的基础上进行一些口语或者写作活动能够让学生有效地进行输出练习。一方面老师可以检测学生阅读的效果，另一方面学生能够练习使用文中的词语和句型，提高语言水平。另外，这些活动充满了趣味性和创造性，学生无需机械地做练习，也能够从中培养阅读的兴趣。

延伸思考

阅读在汉语学习中占有至关重要的地位，但是我在教学中发现，无论是初级还是中高级水平的汉语学习者，对阅读都没有兴趣。按照传统的阅读形式，老师会逐字逐句地讲解一遍，让学生先明白文章的意思，然后通过选择题、填空题或者问答题等练习巩固理解。大部分学生觉得这类教学法很枯燥、无聊，如果老师只是机械地做练习，不加以引导，学生必然对中文阅读产生排斥心理。尤其是针对第二语言学习者，更应该根据他们的心理特点、文化背景、学习方式、学习习惯等灵活安排阅读活动。

此外，老师也可以使用技术工具辅助教学，比如：学生可以使用在线词汇学习软件Quizlet记录阅读中的生词，在这个网站通过各种词语游戏巩固所学内容。另外，学生也可以使用Book Creator等应用软件制作有声图书，加深理解的同时也能提高开口率。

参考资料

1. 王立娜. 小学低年级语文自主阅读教学研究[D]. 鲁东大学硕士学位论文，2012.
2. 王忠明. 小学语文阅读有效教学的活动设计[J]. 内蒙古教育（基础版），2014(5).

专家点评

此篇案例非常准确地指出了国际学校的学生在汉语学习过程中经常遇到的阅读问题。老师们常常觉得培养中文阅读习惯是一个挑战性很大的难题，因为市面上既符合学生心理年龄，又适合学生语言水平的书籍少之又少，所以学生们很难依照自己的兴趣找到合适的书。因为这方面的先天不足，老师们只好绞尽脑汁以多样的阅读形式来提高学生们的阅读兴趣，进而提高阅读的主动性。

文中的各项阅读形式适合不同年龄层，可以让学生们自由选择或者轮流使用。另外，阅读文本后可以组织的活动也是多种多样的，比如让学生制作漫画、海报，或录音、朗读、采访，也可以就阅读文本中的人物、人物关系、情节、故事结尾等进行分析延展。同时，如果学生们可以自由分组，自己选择呈现方式，这也是非常好的，因为孩子们对自己选择做的活动都会很上心，这就大大提高了学习的主动性和积极性。

案例19 有效又有趣的听力课堂

任 琳

教学地点 中国西安

教学对象 （1）年级：大学中级班

（2）国籍：韩国、泰国和日本

（3）第一语言：韩语、泰语、日语

教学任务 （1）学生学会边听边记、准确提取关键词。

（2）学生利用关键词，合理推测文章信息。

案例正文

周一早上8点20分是中级（II）一班的听力课。一走进教室，就发现气氛不对，学生都睡眼惺忪，慵懒地趴在课桌上。心里不禁担心起来，听力课本的录音材料本就有些枯燥，按照学生们现在的状态，这节课十有八九上不好。进行了简单的问候和上节课回顾之后，我开始放第一遍录音，我环视一周，发现大部分学生并没有认真听，有的低头发呆，一动不动；有的昏昏欲睡，思绪早都跑到了九霄云外。我时不时提醒一句“注意听录音”，可作用并不大。

听力课上，通常第一遍录音结束后，我会检查学生所做的笔记，看看他们都记下了哪些关键词或句子，然后和大家一起讨论，将每个同学所听到的关键词进行归纳总结，概括出文章的主要内容。可是，今天只有少数几个同学做了笔记，大部分同学都是云里雾里，不管怎么激发、调动，都是不在状态。没有办法，我只好播放第二遍录音，结束后，让学生重述文章内容。还是一样，少数同学较有效果，其他同学有较小的改善，但依然只能说出极少的词语。接着，第三遍、第四遍……一遍又一遍反复播放，才颇有成效。但是同学们听得很累，而且积极性不高，越听越烦躁，我也越来越没有耐心与信心。毫无疑问，这节课并不成功。

课后分析 / 解决方案

本案例反映了汉语听力课堂普遍存在的问题，即听力材料枯燥乏味，学生积极性不高，课堂气氛沉闷，老师没有起到很好的带动作用，课堂进入沉默的恶性循环，甚至教学活动无法继续下去。我认为会出现这种情况有以下几点原因：

1. 留学生在周末都喜欢外出游玩，这必然会导致他们在周一的第一节课上精力不足，不能集中注意力。

2. 我在上课前注意到学生的情况，却没有及时调整策略，依然机械地播放录音，而学生始终并未进入听的状态。对此，我应进行一些课前活动，调动学生的积极性。比如：让学生开口说话，讲讲自己的周末见闻；或者提出一个关注度较高的问题，全班集体讨论；也可以根据学生水平播放一首通俗易懂的中文歌曲，大家跟着一起唱，邀请擅长舞蹈的同学上台表演，活跃课堂气氛；又或者播放一些简短的小视频、微电影，调动学生的听力细胞，使学生的耳朵进入听的状态，等等。

3. 在整个录音播放过程中，我没有起到很好的启示作用，只是一味地依赖录音材料，一遍一遍播放，效果不好，甚至导致学生听觉疲惫，陷入越听越听不懂、越听越烦的恶性循环。在这种情况下，我可以播一句，停下，让学生复述，再播下一句，让学生再复述，由少到多、循序渐进。学生一次获取较少的信息量，能够更好地理解录音内容。在此过程中，还可利用听力材料所给的语境，讲解课文单词，使学生掌握词语的含义。这样，学生能听懂的内容就会瞬间变多，有利于提高学生的积极性，使学生进入一种越听越简单、越听越想听的良性状态，整个课堂气氛也会越来越好。

4. 缺乏直观的内容，使得基础较弱的学生难以进入状况。我应合理利用视频，通过视听结合帮助学生提高听力。如一篇课文讲陪读，我播放了视频《老梁观世界——中国式陪读》，让学生更加直观地了解中国式陪读。在观看过程中，学生们学到了很多课本以外的词汇，了解了中国的社会现状，受益匪浅。又如讲到亲情时，我还给学生播放过电影《亲爱的》，学生看得非常投入，下课以后还立马回宿舍继续观看未播放的部分。看后有学生主动写观后感，交给我修改，这对学生的写作也很有帮助。此外，还可以播放和留学生有关的节目，如“汉语桥——留学生中文比赛”，让学生既学习中文知识、了解中国文化，又觉得留学生活被老师关注，拉近师生距离。这在国际汉语教学中也非常重要。

除了改善上述情况，我也应该重点指导学生如何听文本、如何记笔记、如何利用关键词合理推测文章大意。首先在听之前，应做到心中有数，带着目的听。因为中级阶段的听力课本都是以成篇故事为主，所以在听之前，老师应引导学生说出故事类文章的一些基本要素，比如：谁（人/物）、干什么/怎么样、场景/地点、时间、原因、结果以及作者通过这件事想要传达的思想（通常在文章末尾）。带着这些问题，第一遍听就可以基本了解文章大意了。

合理播放“汉语桥”等和留学生有关的视频，
不但能帮助学生提高听力，也能拉近师生间的距离。

比如《换票》这一课，听到文章标题，老师就可以停下，带领学生一起思考：换票的人是谁？换票换的是什么票？故事发生在地方？换票的原因是什么？换票中发生了什么？结局又是什么？然后，让学生带着这些问题有重点地进行听力训练。进入文本，第一句就出现了“候车室”这个关键词，那么我们就可以推测换票换的可能是汽车票或火车票。接着又听到了“车厢”，毫无疑问，这两个人要换的是火车票。然后，两个人物的名字如果可以记住当然好，如果没听清楚可以在笔记中用符号或字母代替，但是他们要去的地方必须听清楚。文中刚好出现“上海、北京”两个地名，这时就必须听清楚谁去上海，谁去北京，再综合全篇内容就能知道两人互换了目的地。

延伸思考

在中国西安，国际汉语教学的发展还不是特别完善，学生大部分是汉语进修生，对汉语重视程度不够，尤其很多人认为在汉语学习中除了综合课是正课，其他听、说、读、写专项课程都是副课。课时少、学生不重视、课本陈旧无趣等综合因素导致一周只有四个课时的听力课效果差强人意。因此，在大环境不理想的状况下，老师如何提高听力课堂的趣味性和有效性就显得尤为重要。

我认为老师应高效把控课堂，根据学生状态及时调整上课策略。可利用上课前五分钟，进行一些简单活动，调动学生的积极性，如播放学生喜欢的中文歌曲或有趣的短片，使学生很快进入听的状态。此外，老师也应重点培养学生提取关键词的能力，通过一些词语练习让学生能够根据上下文推测文章内容，比如最受学生欢迎的词语联想，老师给出一个词语或者场景，学生给出相关词汇，进行词语接龙。例如老师给出“医院”，学生可以回答相应词语“生病—看病—体检—医生……”；根据“西服”可以联想到“商场—领带—开会/婚礼……”。类似的游戏不仅可以帮助学生发散思维、扩大词汇量，还能让每个学生参与到课堂互动中，活跃气氛，提高学习效率。

另外，在播放课文听力材料时，可适当补充相关课外知识，丰富学生的知识体系。老师还可以充分利用现代化科技丰富教学手段，通过视听材料吸引学生的注意力，摆脱枯燥乏味的传统教学，帮助学生提高听力水平。

参考资料

1. 黄智艺. 关于对外汉语听力教学的几点思考[J]. 长安学刊，2013(7).
2. 袁小军. 论对外汉语短文听力教学技巧[J]. 文教资料，2006(15).
3. 赵睿. 谈对外汉语听力课后训练思路[J]. 语文学刊，2009(6).

专家点评

此篇案例作者准确捕捉到听力课堂的重点就是关键词的提取及利用，所以在教学任务的罗列中，强调了这两个方面。

“课后分析/解决方案”中也同样准确地指出利用课前暖身活动调动学习积极性。这些暖身活动都是与当天听力活动主题相关的迷你活动，例如引导学生说出故事的基本要素，或者通过相关问题引导学生有重点地听。“延伸思考”中关键词的引导活动也很有效。

现在的听力教学不应该像多年前资源缺乏时那样，过去老师上听力课只有单纯的录音资料，非常单调，没有任何情景辅助。如今科技发达，有各种视频和微电影，甚至学生还可以自己制作有互动的小电影。听力资源多元化，给老师和学生练习听力带来了极大的方便。

案例20 精彩的演讲

刘子琪

教学地点 新西兰卡瓦劳

教学对象 （1）年级：七年级和九年级

（2）国籍：新西兰

（3）第一语言：英语和毛利语

教学任务 （1）通过提问的形式引导学生完成演讲稿。

（2）让学生比较自己发音和母语者发音的不同之处，协助纠正其语音语调。

案例正文

我是新西兰卡瓦劳地区第一任汉语老师志愿者，学生之前没接触过汉语。接手教学工作后，其中一个任务就是指导学生参加罗托鲁瓦地区的中文演讲比赛。

我的两个参赛学生都是毛利人，而且都在演讲中加入了自己的文化表演部分。九年级的男生Majean在自我介绍中加入新西兰战舞，最后获得了九年级组第一名。七年级女生Nikia则在演讲中提到自己对中国歌舞的热爱，并在演讲结尾选唱了一首中文歌曲。这首中文歌曲是我在母亲节的时候教学生唱的《听妈妈的话》，歌曲寓意很好，也符合时代潮流，现场许多观众也跟着哼唱。最后，Nikia获得了七八年级组的第一名。

课后分析 / 解决方案

在演讲内容方面，我坚持让学生自己思考自己做决定，因为这是他们的演讲。我的工作是帮助他们润色，在他们可以理解和接受的基础上让表达更恰当、更有深度。比如Majean说："我想去中国。"我就问他："为什么想去中国？"他想了想说："因为中国好像很有趣。"这的确是学生的心声，但是放到正式的演讲场合可能还欠缺说服力。于是我问他："中国的确是一个很有趣的国家，如果你去了中国，有什么特别想去的地方或者想做的事情吗？"这时候

10 Wednesday, August 31, 2016

First-year Chinese speech students win competition

Haylee King
Kawerau reporter

AFTER winning a Chinese speech competition last week, Tarawera High School students Nikia Davis and Majean Rogers have made fluency a goal.

Seventeen schools were represented at the Mandarin speech contest, held at Western Heights on August 19. Both Tarawera students placed first in their categories.

Year 9 student Majean said learning Mandarin would be helpful if he ever travelled to China and year 7 student Nikia said it would help her learn about Chinese culture.

Mandarin teacher Liu Ziqi, known as Katy within the school, said the results were overwhelming.

"It is the first year Kawerau students have learned Mandarin and taken part in uch a competition. I feel so roud of them."

Majean and Nikia Davis ave learnt basic Mandarin is year and were selected compete because of their lent.

Miss Ziqi said it was not sy for new learners to master the pronunciation of Chinese in such a short time, but Nakia and Majean did it well.

Their speeches were more impressive with the addition of cultural factors.

"At the end of the speech Nikia sang a beautiful Mandarin song to show her love and respect for her mother and Majean added Maori performance into his speech.

"[Majean] was born for the stage; he was so confident and charming. He quoted a Chinese saying 'He who doesn't reach the Great Wall is not a true man' to speak out his wish to visit China."

Principal Helen Tuhoro said the school was "absolutely delighted" with the passion and commitment its junior students had shown toward their Mandarin studies.

After only six months of the Mandarin language programme they competed against students who had been working with full time teachers for many years.

"As a school, language is a growing area of the curriculum, with students able to learn Maori, French, Mandarin and Japanese at Tarawera," Mrs Tuhoro said.

WINNERS: Tarawera High School students Majean Rogers and Nikia Davis are winners of a Chinese speech competition held in Rotorua.

Photo supplied

当地报纸详细报道了我的两名学生Majean和Nikia参赛获奖的经历。

学生突然很激动地说：“我想去看长城。”所以我就帮助他把长城这个因素放入演讲，并且在结束部分加入了一句中国俗语“不到长城非好汉”，显得整个内容非常地道。Majean讲得很生动，也很有自信。

在语音语调方面，除了面对面的教学之外，我还给他们提供了自己的录音，分句和整段的都有，还分了正常语速和慢速，让他们私下也要多听多练。我要求他们自己录音，找出自己的发音和母语者发音不同的地方。这个方法很好，因为纠正语音语调的前提是要让学生意识到他们的语音语调有什么问题。意识到问题所在，再去帮助他们纠正，就会很有针对性，他们也变得更积极了。

Practice makes perfect，自信来自不断的练习。只有做到内容烂熟于心，才能在舞台上发挥得更好。在准备过程中，学生也会出现一些焦虑情绪，我尽量让训练轻松有趣，不给他们太大的压力，并告诉他们：“你们是第一个代表卡瓦劳参加比赛的学生，你们已经成功了。不管表现得怎么样，都是最棒的。通过演讲比赛，我们还可以学习和了解很多中国文化，认识很多中文爱好者，这是一个值得好好享受的过程。”

延伸思考

在对新西兰学生进行演讲指导的时候，有三个方面需要注意：一个是发音、语调和语速，一个是台风气场，最后一个是文化，三者之间是环环相扣的。发音准确流利才能形成稳定沉着的台风气场，在此基础上才能做好文化表演。此外，还需注意选材的特殊性和时代性。

新西兰的学生很喜欢参加课外活动，建议多举办中文演讲比赛和其他中国文化活动，为他们创造更多使用中文的机会，激发学习中文的热情。

参考资料

1. （美）卡耐基. 卡耐基魅力口才与演讲的艺术[M]. 北京：中国华侨出版社，2011.
2. （美）卡迈恩·加洛. 乔布斯的魔力演讲[M]. 北京：中信出版社，2010.

专家点评

传播中华文化是每个国际汉语老师的使命，该案例显然是个很好的例证。作者做了两件令人欣慰的事情：一是在比赛关键时刻还注重培养学生的主动性，二是巧妙地帮学生带入中华文化。初中生正处于文化定型时期，有意识地体验母国文化与外国文化的异同，是培养自身人文特征的一个途径。

演讲比赛是促进外语学习的好方法。学生能够把一篇讲稿背下来，在众多师生面前讲出来，并辅以歌舞表演，需要工夫和胆量，一定能学到很多东西。

汉语作为外语的演讲比赛需要注意很多问题。首先，仅仅学过一两年汉语的外国中学生能够写出来的东西十分有限，老师的“润色”往往变成代写，所以赛事成了老师的擂台。其次，演讲是难度较高的语用实践，即便使用母语，也不是人人都能运用自如。对于外语学生来说，如果把演讲这种活动改造成其他短小、实用的比赛形式，也许更有助于提高学习效率。

案例21 绘本故事帮大忙

袁 慧

教学地点 中国青岛

教学对象 （1）年级：小学一、二年级

（2）国籍：日本、德国、印度、韩国、新西兰和葡萄牙

（3）第一语言：日语、英语、韩语等

教学任务 （1）学生能够根据故事的发展脉络做出合理的预测。

（2）学生能够了解并简单介绍每种动物不同的饮食、居住和生活习惯。

案例正文

“黄鼠狼朝兔子达利扑了过去，接下来会发生什么呢？”老师问道。

“它会吃掉它。”一个学生说道。

“哦，你是说黄鼠狼会吃掉兔子，是吗？”老师问道。

“对，是的。”学生说道。

“那你可以完整地说一遍吗？黄鼠狼会吃掉兔子。”老师说道。

“好的。黄鼠狼会吃掉兔子。”学生说道。

“这位同学说，黄鼠狼会吃掉兔子。你们都同意他的想法吗？还是有其他的想法？接下来会发生什么呢？”老师问道。

“老师，那个兔子会这样……”学生边说边把双腿伸得高高的，使劲儿一蹬，“然后，黄鼠狼，它就……”学生又做了一个摔倒的动作。

“哦，老师明白了。你是说，兔子用大脚把黄鼠狼踢飞了，是吗？有人同意他的想法吗？兔子用大脚把黄鼠狼踢飞了。”老师问道。

“同意。”很多学生点头说道。

“那么我们一起来看看，下面的故事是怎样发展的。你们看，大家都猜对了，黄鼠狼真的

被兔子的大脚踢飞了。”老师说道。

“真的，真的，老师，我猜对了！”学生们纷纷说道。一个个脸上洋溢着骄傲的神情。

课后分析 / 解决方案

从这学期开始，我就在思考什么样的教学内容能够让孩子们真正地爱上中文，喜欢用中文表达，爱上中文阅读。回想起自己的孩子每晚缠着大人讲故事的劲儿，我决定尝试使用绘本故事来拓展我们的汉语教学活动。与第一单元主题“我是谁”相契合的绘本故事《我不知道我是谁》，就是一个非常棒的教学资源。我设计的教学任务如下：

1. 学习动物名称“兔子、老鼠、猴子”等，了解动物的习性，包括喜欢吃什么、住在什么地方；

2. 学习描述动物动作的词语，如“爬树、尾巴挂在树上”等；

3. 练习句型“你吃……吗？”“我是……吗？”“我应该……，还是……，或是……？”等；

4. 分析故事主题“你觉得作者想通过这个故事告诉我们什么？”“你认为作者为什么写这个故事？”等。

从上述例子可以看出，绘本故事的教学角度非常丰富。在另外一个主题课“比身高”中，我们使用了《搬过来，搬过去》这本书，在各种场景中比较了长颈鹿和鳄鱼的身高，并提出了解决身高差异的办法。学生们踊跃参与讨论，比简单练习“X比Y高，X比Y矮”语法句型要丰富、有趣得多。

在后续的延展学习中，对于认字数量较少的学生，老师可以选取故事的主要情节，用简单的语言改写故事，或加注拼音，帮助解决认读困难，鼓励学生在班级内分享阅读所得，写简单的读书记录；或者根据故事改编成剧本，让学生阅读剧本，根据剧本进行表演。老师可以利用绘本故事根据孩子们的学习程度进行适当调整。

绘本阅读最重要的作用之一是通过生动有趣的语言文本，拓宽老师所设定的语言教学环境，在充分发挥学生主动性的同时，慢慢培养他们热爱中文阅读的习惯，进而鼓励他们终身学习。

延伸思考

在低龄儿童的汉语教学中，老师们获得的资源始终未能实现多元化、多层次化。市面上已出版的分层次阅读材料，由于层次化不明显，教学目的不明确，儿童趣味性不高及缺乏相关练习等问题，难以充分运用到课堂实际教学中。我认为如果要提高汉语教学的实际效果，非常关键的一步是要以学生为中心，为孩子长久热爱学习汉语而大力推广中文阅读。因此，希望有教学经验的老师们能够更多地参与到儿童阅读教学的设计与推广当中。

在鼓励学生自主阅读的过程中，要尽量从学生的角度出发，理解他们面对困难时的感受，耐心地和孩子们一起慢慢推进阅读，从一起读到帮一帮，到学生完全自主阅读，是需要大量精力和耐心的。老师可以在开始时就帮助学生明白这个道理，让他们看到自己一点一滴的进步，对自己的努力感到满意。

参考资料

1. （美）布莱克. 我不知道我是谁[M]. 北京：新星出版社，2013.
2. （德）达妮拉·库洛特. 搬过来，搬过去[M]. 上海：少年儿童出版社，2007.
3. 朱勇. 国际汉语教学案例与分析（修订版）[M]. 北京：高等教育出版社，2015.

专家点评

案例作者通过讲故事的方式让学生学习阅读，这是值得肯定的。老师在讲故事的过程中，以潜移默化的方式带入重点词语和句式，不断重复，举一反三，这样能给学生足够的机会反复练习，让学生通过听觉、视觉以及与老师问答的互动方式反复接触需要学习的内容，为学生能够主动流利地使用这些句式和词汇表达打下良好基础，帮助他们达到能够用汉语表达的目的，增强汉语学习的信心。

在讲故事的过程中，老师也不断向学生提问，保持互动，同时引导学生发挥想象力，对故事的内容进行推测。有内容有情节的故事可以使语言学习不再单调，并且可以让语言真正成为交流的工具。通过故事的分享，不仅可以让学生学习新的句式和词汇，学习有关动物的自然知识，同时又可以培养学生的想象力、创造力，这是一个一举多得的好方法。

案例作者最后指出汉语读本存在的问题，这的确是值得汉语教学界高度重视的问题。

案例22 扮演与改编《看医生》

董佳梅

教学地点 中国上海

教学对象 （1）年级：小学五年级

（2）国籍：以英语为母语的国家

（3）第一语言：英语

教学任务 （1）学生能读懂简单的病历，并且进行角色扮演。

（2）学生能根据课文内容改编对话。

案例正文

《看医生》这堂课上，学生学习了生词、基本句型和课文内容，也知道了医生嘱咐吃药打针的表述形式。我尝试用“病历”引入复习，并提前准备了病历单。果然，学生对这张病历很感兴趣。他们通过阅读，知道了病人是小丽，看病时间是11月28日，还知道去哪里看病、谁给小丽看病、小丽得了什么病、医生的建议是什么。与学生交流了这些信息后，我就请他们进行角色扮演，根据病历上的内容进行对话练习。

11月28日　　东方医院　　王医生

病　　人：小丽

病　　情：发烧三天

医生建议：每天吃两次退烧药，每次吃一片。烧退了，就可以不吃药了。

学生在表演的时候，我就想：“对话中如果人物变了，那么表达方式也会随之发生变化，何不尝试一下呢？”于是，本堂课结束后，我找了同事和我一起录音。我扮演小丽，同事扮演小丽的妈妈，对话的内容就是小丽把在东方医院看病的经过告诉妈妈。第二天上课时我对学生们说："昨天，同学们有的扮演小丽，有的扮演王医生，把小丽看病的过程表演出来了，做得非常棒。当小丽把这份病历带回家后，她和家人又有了一番对话。请你们仔细听一听，你们听到了什么内容？又有什么发现呢？"

学生听录音时，我就观察他们的表情。他们很认真，因为要听出录音中人物之间的关系，还要捕捉听到的内容。听完之后，他们交流异常活跃，能非常清楚地叙述出病历上的内容。同样的内容，不同的人物，他们之间的对话就有了相应的变化，学生们对角色转换非常有热情，于是我就趁热打铁，鼓励他们："你们能够仔细听，把听到的内容说出来，那么你们更可以像这样来编对话。下节课，我们就来为不同的人物编对话吧。"

课后分析 / 解决方案

这是一堂课中的巩固和拓展环节设计。在此环节中，我关注了以下两个方面：

1. 巩固课堂内容，不是机械地去记忆课文中的对话。如果学生仅仅是把课文中的对话死记硬背下来，再和同伴表演出来，那么这样的活动是毫无意义的，因为在真实的生活场景中，看病的对话要远远超出课文中所教的内容。在此案例中，学生通过阅读病历，了解了病历中的人物、病情，他们可以在头脑中想象小丽看病的情景，再结合课文中学过的内容，进行切实的对话改编。当然在这个过程中，老师不仅要灵活应变，也要指导帮助学生把对话说正确。此外，老师还要时时鼓励和表扬学生，让他们在轻松愉快的状态下进入角色，顺畅地进行对话。

2. 听力的训练，不是去训练学生做对错判断、选择、填空等题目。在学生表演完小丽和医生的对话之后，让学生听听小丽和妈妈的对话，学生会听到什么呢？他们会发现，对话的场景变了，对话的对象变了，对话的内容也有了相应的变化。这样一来，学生就能从这些变化之中学习新的对话。这样的学习不是被动的，而是用耳朵用心去感受。听过对话之后，老师要靠充满启发性的语言，靠学生之间的思维碰撞，去唤醒学生的想象，而不是用叙述或解说去替代、束缚甚至扼杀他们的想象力。这样一来，学生就会对课堂的拓展环节有回味有期待。

延伸思考

课堂上，我们经常要求学生根据课文内容进行对话表演。有时我们做得比较简单，只让学生重复下来课文的内容。这仅仅训练了学生的记忆能力，以及简单重复的表达能力，并未能对学生的思维能力加以训练，也没有关注到真实的语言环境。人类的思维活动是在语言材料的基础上进行的，因此，除了课本以外，老师还应该提供丰富的、真实的语言材料，让学生通过阅读、理解，结合自己的生活经验去回忆，或是联想，从而进行语言表达的练习。这个过程就是一个积极思维的过程，没有思维，也就没有语言了。

案例中设计了请学生听一下小丽和妈妈的对话的环节。这不是单纯的听，而是要让学生听出门道：同一件事情，说话的对象不同，叙述方式不同。这样一个“听”的活动，旨在让学生明白改编对话的时候是可以进行想象的。想象有谁和谁在说话，说话的人不同了，关注的重点也会发生变化。这样改编的内容才能更丰富，更能拓展学生的思维，让课文的内容拓展到学生的实际生活中去。

参考资料

1. （美）海姆·G.吉诺特. 老师怎样和学生说话[M]. 海南: 海南出版社, 2005.
2. （美）海伦娜·柯顿，（美）卡罗尔·安·达尔伯格. 语言与儿童：美国中小学外语课堂教学指南（第四版）[M]. 北京: 外语教学与研究出版社, 2011.
3. （俄）列夫·维果茨基. 思维与语言[M]. 北京: 北京大学出版社, 2010.

专家点评

听力课上到这个程度，不说炉火纯青，也算师艺娴熟了。老师引导学生们学习课文，辅以听力、角色转换练习，让学生自由编写、表演。这么做已经跳出了传统外语听力课的模式，增加了目标语言密度，把学习手段提高了一个层次。正如案例所述，这堂听力课超出了填空、选择题的听力练习，超出了机械性课文背诵记忆。一句话，老师把课上活了。

课堂练习与实地语用总有一定的差距。拿听力来说，在实际生活中，一个人坐在那里，呆呆地听另外两个人对话，这种场景不会经常出现，但是外语课上常常看到全班学生静静地听对话录音，然后填空或划勾，以示听懂。与“学以致用”的教学目标相去甚远。该案例采取巧妙的方法，让学生充分参与听、说练习中，有助于提高学习效率，培养学生学习语言、使用语言的积极性。

案例23 幼儿园小朋友参与式讲故事

张亚丽

教学地点 新加坡

教学对象 （1）年级：幼儿园小班

（2）国籍：新加坡

（3）第一语言：英语

教学任务 （1）学生熟练掌握动物的中文名称，比如：大象、老虎、熊猫、河马等。

（2）学生掌握“这是……”句型。

案例正文

2016年2月18日，我给幼小班的小朋友讲了《我们去动物园》的故事。在故事讲到一半的时候，我发现有些小朋友开始做一些与课堂无关的小动作。于是，我改变讲故事的方法，尝试引导他们参与式讲故事。我请小朋友们猜一猜“我”去动物园会遇到哪些小动物。刚开始有两个小朋友猜“我”可能会遇到大象、老虎还有熊猫，后来就有小朋友迫不及待地翻开故事书寻找答案。我随后把故事书收了起来，鼓励每人说出两种不同的动物。在我的鼓励下，小朋友们轮流说出了可能会遇到的小动物，有去过动物园的小朋友甚至说出了超过五种动物的名字。当我准备打开书本时，一双双小眼睛直勾勾地盯着我的书本，认真地看着我，很希望自己说的动物会出现在故事书里。他们看到那些动物都很开心，还不停地模仿动物的声音或形态。故事讲完后，小朋友问：“我和妈妈去动物园的时候怎么没有看到河马？它们在哪里？”还有一个小朋友问：“为什么他们把老虎关起来？老虎的爸爸妈妈呢？”

是啊，怎么没有看到河马？去哪儿了？怎么没有看到虎爸虎妈呢？在故事基础上，进一步提问引导孩子参与式讲故事，不仅能让小朋友喜欢上听故事，而且还大大提高了小朋友的注意力、想象力和表现力。这么做给予了课堂中善于表现的小朋友充分表达的机会，对于不擅长表现的小朋友也有一定的带动作用，使所有小朋友都积极参与到教学过程中，并从中获取知识。

课后分析 / 解决方案

在实际教学过程中，很多老师都喜欢用讲故事的方法吸引小朋友们的注意，从而达到教学目标，但是填鸭式讲故事往往存在两个问题：

第一，在新加坡，幼儿学习的第一语言是英语，大多数孩子在家也说英语，接触到汉语的机会很少。有的小朋友对中文故事毫无兴致，不会注意老师讲什么，下一步会讲什么，讲多久，而是在一旁只专注于自己感兴趣的事物。

第二，小朋友没有表达自己想法的机会。一旦学生发现老师所讲述的故事情节与自己无关，或存在不同看法，又或是不能表达自己想法的时候，就会主动放弃参与，而老师也无从得知他们对课堂信息的获取量。

通过2月18日的那次教学尝试，我意识到换一种方式，引导幼儿主动参与到故事中去，可能更容易达到教学目标。在以后的多次教学实践中，我发现在使用这一教学方法时，学生会不由自主地随着故事情节的变化而表现出好奇心，并主动担任起类似“导游”或“导演”的角色。他们在参与讲故事的过程中发生了角色改变，由被动接受转变为主动探索，因而能学到更多新知识。

引导学生参与式讲故事是指在讲故事过程中设置疑问，请学生猜猜后面故事的发展，抓住幼小学生的好奇心理，适时给他们机会表达，提高语言表达能力和思维发散能力，同时培养学生们的注意力。尤其在幼儿课堂，学生们年龄小，好奇心大，很容易受到周边环境变化的影响，注意力集中的时间很短暂，如果只是老师讲故事，他们乖乖坐着听听，然后一问一答，过不了多一会儿学生肯定走神儿。给他们说话的机会太少，不利于注意力的集中。我们在讲故事的时候也可采用故事续编的方法，例如在这个故事的结尾处，我留给小朋友们一个问题，请他说一说“我”和爸爸妈妈离开动物园后会去哪里、做什么。老师可以一边倾听小朋友讲述，一边引导他们充分发挥自己的想象力，这样教学效果会更好。

通过引导小朋友们参与式讲故事，可以避免填鸭式教学过程中存在的两个问题。第一，小朋友会主动参与到故事情节中去，获取信息；第二，给予小朋友充分表达自己想法的机会，与授课老师和小伙伴一起充分互动，从而锻炼思维能力和表现力。

延伸思考

引导小朋友参与式讲故事，虽然容易吸引小朋友的注意，使他们很快进入学习状态，但是通过半年的教学实践，发现还有以下几个问题值得探讨：

第一，客观问题与主观问题如何平衡？教学中发现，我设计了很多是非对错的问答，客观问题过多，妨碍学生积极思考，容易导致认知的片面性，不利于培养学生全面看问题的辩证思维。如果过少则无法训练他们对文本材料的理解能力。所以把握好两者的平衡度也很重要。

第二，故事情节发展如何适度控制？小朋友在接受新知识的过程中往往希望获得老师的认可，但小孩的思维模式与成人存在很大差别，他们经常会联想地漫无边际，很多问题是老师无法提前准备的。以学生为中心，以教师为指导，在学生思考偏离的情况下，能恰当控制故事情节发展，不影响学生积极性，精彩处及时给予鼓励，也是对老师们课堂临场处理能力的考验。

第三，授课老师知识储备量与课堂教学内容是否匹配？由于小朋友思维模式的特殊性，授课老师必须具有丰富的知识储备，才能对他们提出的问题对答如流。如果老师缺少临场经验，又没有足够的知识储备，在课堂上很难应答得体。年轻老师特别容易被思维能力强的小朋友问倒，不仅会影响小朋友对新知识的渴求，也会影响他们对老师的信任与尊重。

参考资料

1.（英）劳拉·韦弗，（英）马克·威尔丁. 参与式教学的五个维度　教师实践指导手册[M]. 重庆：西南师范大学出版社，2016.
2. 刘珣. 对外汉语教育学引论[M]. 北京：北京语言大学出版社，2000.
3. 陆俭明，马真. 汉语教师应有的素质与基本功[M]. 北京：外语教学与研究出版社，2016.
4. 周小兵. 对外汉语教学入门（第三版）[M]. 广东：中山大学出版社，2017.
5. 朱勇. 国际汉语教学案例与分析（修订版）[M]. 北京：高等教育出版社，2015.

专家点评

把讲故事的人和听故事的人带入故事，让他们参与预测故事怎样发展，引起他们的兴趣，接着又把故事中发生的事与预测的进行对比，看看它们是否相同或相似，这样的教学方法经常会带来意外的惊喜，同时给小朋友创造了一个很大的想象空间，而对比的过程甚至会是很幽默的。邀请小朋友参与讲故事，可以让他们把自己的生活经历，例如此篇案例中参观动物园的经历，以及过去阅读过程中与动物和大自然接触的经历与感受，与本堂课内容联系在一起，给他们提供了综合表达的机会，最后形成一个以学生为中心的启发式教学环境。同时，鼓励小朋友提问也可以激发他们的思维能力、语言组织能力和沟通能力，这样的互动对他们的身心健康发展极为有利，是教学中非常值得提倡的做法。

"延伸思考"环节中，老师客观分析了半年教学实践的心得，非常难能可贵。老师给大家展示了一个循序渐进的过程，具有导向性的是非对错式的问题和具有创意性、发挥想象力的开放式问题，都不是越多越好，或者越少越好，两者要注意适时转换。最后，老师也强调注重不同年龄层次的心理需求，有必要对小朋友及时给予肯定，同时当他们有不着边际的想法时，应及时控制。

案例24 教学板书的实践之路

张亚丽

教学地点 新加坡

教学对象 （1）年级：幼儿园

（2）国籍：新加坡

（3）第一语言：英语

教学任务 通过板书讲述故事主要内容，增强幼儿记忆能力。

案例正文

记得2015年10月21日给幼二班的小朋友们讲《壳斗村的帽子店》，小朋友对生动精彩的故事很感兴趣。但是因为故事很长，讲过一遍后，小朋友们很快就忘了里边的内容。于是我就拿起马克笔，用板书将故事情节简单写出来。这时我发现小朋友都目不转睛地盯着看，还跟着一起读。尽管有些字他们不认识，但是他们可以根据故事情节猜测大意。

接着我请小朋友回答问题，并将他们的名字和回答一一记录在白板上。这时其他的小朋友一个接一个举手抢答，非华族的小朋友随后也活跃起来。他们都积极争取回答问题的机会，因为他们也想白板上能有自己的名字。没用多久，全班小朋友的名字都出现在了白板上。看着白板上自己的名字还有回答过的问题，他们异常兴奋。有的小朋友指着白板上的名字高兴地说："这是我回答的，这是我回答的……"后来，类似的板书课小朋友们听得都很认真。

课后分析 / 解决方案

随着多媒体教学的开展，教学板书已逐渐被忽略，许多老师认为幼儿年龄太小，写下来也没什么用，所以很少涉及板书。我在一次教学中偶然发现教学板书很受幼儿喜欢，他们会很关注老师在干什么，很有兴趣认读白板上的字，模仿老师的笔迹，对故事内容的梳理也能很快抓住重点。经多次尝试后，感觉到加上板书，幼儿的注意力比以前更集中、更持久。现在，我已经改变了之前的教学方法，在课前好好准备教学板书。

在上述案例中，我及时补充了教学板书这个环节，使教学内容具有直观性、条理性、概括性，给幼儿留下了鲜明的印象。板书能在短短的一个课时里将丰富的教学内容层次分明、条理清晰地展示出来，帮助他们快速理解故事内容，突出重点，加深记忆。

延伸思考

很多老师会采用讲故事的方法授课，但往往会忽视板书。通过实践发现，适当采用板书教学能够帮助达到教学目标，但也存在以下问题：

第一，由于故事精彩，内容丰富，如果授课前老师没有精心准备，没有做到适当精简或概括，课上有可能为了赶进度，出现字迹潦草，或板书布局不合理等问题。因为幼儿有很强的模仿能力和好奇心理，当他们看到老师的板书字迹潦草，会误以为写字要快一点儿，进而照着老师的行为模仿。板书对刚刚开始书写的幼儿有很强的示范引导性，所以老师在写板书时一定要严格要求自己，规范书写。如果老师未对教学内容的系统和重点做出分析，缺少对板书的整体规划，造成板书布局混乱，既无法体现知识的逻辑性，也无法展现课堂的推进层次。这种教学事故，不仅浪费了课堂时间，还会严重影响学生的理解。

第二，老师过多依赖多媒体展示，往往只是书写课文标题或几个“关键”字，课一结束，白板上只留下了老师随手写的几个字，没有发挥出板书的作用，无助于学生将知识体系固化。

参考资料

1. 陈旭远，张婕. 新课程实用课堂教学艺术[M]. 东北师范大学出版社，2004.
2. 杨梅清. 谈谈课堂板书的技巧[J]. 茂名学院高州师范分院学报，2008（1）.
3. 朱勇. 国际汉语教学案例与分析（修订版）[M]. 北京：高等教育出版社，2015.

专家点评

亚丽老师抓住了一个极为重要，但是几乎被遗忘了的教学环节：板书。在高科技“充斥”课堂的今天，教室前面的那块板子大多成了投影屏幕或磁背字卡的领地。留下的一小块可怜的空白，通常被老师们匆匆写上各种提示或新词，随机布放，大小不一，五颜六色。

在传统的教师教学技能培训中，板书是一个重要内容。我们不少人都会记得某些中小学老师那漂亮、工整、简洁明了的板书，甚至为其倾倒。案例作者把这个良好的传统赋予新意，用写情节的方法辅助讲故事，并且让学生参与。由此可以想象，她的课堂气氛一定很活跃。小朋友回答了问题，看到自己的名字上了白板，会立刻感到这堂课与他们的关系拉近了。

非常希望板书能成为国际汉语教师培训中的一项基本技能训练。

案例25　亲子汉语班，发音不再难

福山和泉

教学地点　日本东京

教学对象　（1）年级：幼儿园亲子班（3岁学生及其家长）

（2）国籍：日本、印度尼西亚、泰国

（3）第一语言：日语、印度尼西亚语、英语和泰语

教学任务　（1）汉语声韵母整合复习。

（2）纠正学员较难的汉语发音，如“er、zh、ch、sh、r”等。

案例正文

“亲子汉语班”——在您的国家也有吗？如果有，很想向您请教宝贵的经验。

日本的各种亲子教育课堂很多，但是在14所孔子学院中，只有我们工学院大学孔子学院开设了“亲子汉语班”。因无前例，也就没有可供参考的资源。在近八年来的摸索前进中，我们可喜地发现“亲子汉语班”比单纯的幼儿班、成人班更具优势，因而开发出了适合日本亲子班学习汉语的新型教学模式。其中有很多成败交错的有趣故事，因篇幅所限，这里只和大家分享教学中一个较典型的例子。

想必大家都知道日本人的内敛性格世界有名，我在教成人班时就常常遇到纠正发音的难题。比如汉语中的“er、zh、ch、sh、r”等在日语里没有对应的发音，所以学员通常会受到母语负迁移的影响，把这些音发成与日语相近的音，很难纠正。另一方面，日本人又很“爱面子”，同样的事只要说一次就不需再重复，甚至有“只要暗示一下就能明白”的习惯。如果在课堂上纠正发音三次还没能发对时，我就不能再继续了，只好寻找下次机会，因为多次纠正会给学员造成很大的压力，甚至有伤害自尊之嫌，不但达不到教学效果，还会影响学员学习的积极性。可是，如果不持续提醒的话，久而久之他们古怪的发音势必更难纠正了……

然而这个“老大难”问题，却在亲子班中轻而易举地解决了。当我遵循“事不过三”的原

则，小心翼翼地纠正父母学员的发音时，他们身旁一同上课的孩子就会小声告诉父母正确的发音。看到这个场景我立刻抓住“良机”，点名鼓励孩子：“请你帮旁边的同学纠正这个发音。”孩子高兴地回答：“是！”接着便开始纠正父母的发音，而且还会用父母容易明白的方法告知正确的发音技巧。在纠音时，我会转到别的学员处去做指导，以避免他们的尴尬。

只见父母们不再难为情，满脸喜悦地认真接受孩子的纠正。双方都不厌其烦，直到发对音为止。我马上向他的孩子致谢：“你真棒！老师做不到的你做到了，感谢你！”孩子很高兴，家长也流露出对孩子比自己学得好的满足感和自豪感。之后，孩子变得更加努力。他知道自己首先要正确发音，才能帮父母纠正；父母学员也不示弱，暗自加紧练习，希望不落到孩子后头。

课后分析 / 解决方案

双方的学习积极性被同时调动起来的温馨场面，和热烈竞争的学习气氛，是我在执教过的幼儿班、成人班中不曾有过的。亲子班互动中特有的优越性，可见一斑。此外，此次经验也给了身为老师的我一种成就感。我把每次教学的过程和效果记录下来，积累出更多适合本地学员学习的教学方法。

记得在北京师范大学读研时，导师常说：“教学有法，教无定法，贵在得法。”这句话提醒我在教学时不能一味站在“教”的立场，而是要根据不同的学习对象、目标和需求制定不同的授课方法，这样才能达到良好的教学效果。例如本案例中的亲子课堂，由于涉及儿童和成人同堂的混龄教学，在教材、内容、教学方式等方面都对老师提出了完全不同于以前的要求。加上日本人的面子问题，既要及时纠正学员的发音，但又不能反复纠正。老师尽职尽责的结果很可能是，你的好心适得其反，“伤了”学员（特别是和孩子同堂学习的成人）的“面子”。利用现有材料，及时抓住儿童学员的学习特点，就很好地解决了成人学员的发音难题。

成人学习外语时多受到母语负迁移的影响，但儿童在此方面像一张白纸，在母语和外语之间转换不会有先入为主的问题，教给孩子什么音就能忠实地模仿出来，通常受母语负迁移的干扰较小，可以很快掌握标准的发音。这也从一定程度上说明，培养双语人才要从低龄幼儿开始。

延伸思考

亲子班是迎合日本社会需要的一种新型教学模式，具有许多优越性，如可以减少幼儿入园后对新环境的陌生感，在家长陪同下自然从家庭生活过渡到集体生活；家长可以对幼儿园的教学理念和教学方法有充分了解，配合教育。亲子汉语班上，孩子帮助成人纠正发音，这既维护了家长的面子，对孩子也是一个极大的鼓舞，起到调动双方学习积极性的作用。他们同堂学习，回到家里又是会话的搭档，这样营造出的汉语学习环境，对于整体处在非汉语环境中的学员来说是非常有利的。

实践证明，孩子与父母一同学汉语的模式是可行性非常强的教学模式，如果能开发出更多发挥亲子班特长的教学法、适合亲子班的互动活动，教学定可收到事半功倍的效果。

参考资料

1. 胡文仲. 跨文化交际学概论[M].北京:外语教学与研究出版社，1999.
2. 朱勇. 国际汉语教学案例与分析（修订版）[M]. 北京：高等教育出版社，2015.

专家点评

案例作者分享了一种既特别又有效的学习方式。当然，这种方式只能在特定群体中使用，类似这样的亲子教学法在雅马哈音乐学校也是特别流行。其优势不仅在于缓和课堂上可能出现的尴尬，更重要的是家长和孩子还会将汉语学习延续到课堂学习之外的时间。也就是说，家长与孩子在日常生活的互动中，也会花些时间模拟课堂，复习老师传授的知识。让汉语学习成为家长与孩子的共同记忆，在增进亲子互动的同时，还能一起学习汉语，达到了一石二鸟之功效。

另外，作者也提到“很难纠正”某些发音的问题。汉语存在很多其他语言中不常见到的音，如“j、q、x、zh、ch、sh、r、e、ü、er”等，有经验的老师基本上不会急于求成，要求达到标准发音。只要学生往好的方向转变，就会给予肯定和鼓励。有经验的老师不会让学生觉得汉语难学，而且能够做到重点难点重现，循序渐进。

案例26 阅读课如何不上成综合课

陈奕轩

教学地点 约旦安曼

教学对象 （1）年级：大学

（2）国籍：约旦

（3）第一语言：阿拉伯语

教学任务 （1）教学生一些阅读技巧，通过各种活动进行阅读训练。

（2）使学生熟练掌握快速阅读、有目的性阅读的方法与技巧，训练答题反应敏感度。

案例正文

经过对汉语课堂的长期观察，我发现很多老师对阅读课和综合课的划分不鲜明，使用的教学方法也大同小异，造成学生学习积极性很低，觉得阅读课相当于“综合课+1”。虽然每周都有阅读课，但他们的阅读水平并未得到明显的提升，尤其HSK阅读还需再花课时专门练习。

接手阅读课后，我决定改变之前的安排，做出了一套比较完整的阅读课教学计划：

1．教学生一些阅读小技巧，例如让他们根据动词词义猜句中生词，培养他们的阅读信心。大体练习如下：

看动词，猜动词后边的词是什么意思

1. 汉语比赛上，玛丽朗读了一首《春晓》。	歌的名字
2. 我渴极了，喝了两瓶五大连池山泉。	饮料的名字
3. 张老师每天骑着凤凰去教室上课。	自行车的名字
4. 今天很冷，我穿了棉袄，还觉得冷。	一种衣服的名字

通过动词猜测后边名词的意思，能够帮助学生理解句子。

2．以加减分的小游戏模式开展段落理解能力练习。每次课训练句群和段落的快速阅读，学生根据老师给出的问题，有目的性地进行阅读。练习内容大致如下：

每个人的性格都不同，为什么会这样呢？有些人用特别的方法来解释，最常见的是用血型来分析人的性格，他们说血型不同的人性格也不同。我看过这样一张表：

A型	性格温和，认真，谦虚。他们遵守秩序，很容易合作，情绪稳定，能忍耐。
B型	性格坦率，急躁，反应快，是乐天派。他们对什么事情都有兴趣，勇敢，但也有细心、严肃的一面。
AB型	热情，细心，他们喜欢跟人保持一定的距离，你不太容易了解他们。他们做事很有计划，但没有毅力。他们不爱出风头。这类人有的像A型，有的像B型。
O型	喜欢表现自己，爱出风头，很有自信。他们喜欢跟别人交朋友，喜欢情绪直接地表现出来，不喜欢忍耐，好胜是他们最大的特点。O型血的人不喜欢妥协。

你看看自己的性格是什么样？是不是像上表说的那样，不过你不要太相信这些东西，它不一定科学。

练习

1. 谦虚的人血型可能是：

A. A型　　B. B型　　C. AB型　　D. O型

2. 这张表说B型血的人是乐天派。“乐天派”的意思可能是：

A. 总是比较快乐的人　　B. 喜欢音乐的人

C. 总是不太快乐的人　　D. 每天发脾气的人

3. 这张表说AB型血的人不爱出风头，O型血的人爱出风头。“出风头”的意思是：

A. 容易生气　B. 喜欢交朋友　C. 细心　D. 喜欢表现自己

3．每次上课前，安排一名学生做新闻讲解，要求学生从中文网站或报纸上选择一篇自己感兴趣的200字左右的新闻，把内容粘贴或截图放在PPT中，与大家分享。首先，学生点其他学生朗读新闻，这个过程往往就会出现一些生词，讲解员引导大家利用阅读技巧解决阅读困难。然后讲解员归纳出新闻的主要意思、社会影响以及自己对事件的看法。即便表达过程中有语法错误也不必过分强调，只要大意正确即可。通过讲解员去带动其他同学一起练习快速阅读，能够很好地锻炼学生有效信息整理的能力。

4．每月定期组织两次单次不超过15分钟的小组阅读讨论。老师筛选出适合学生水平的不同文体的文章，学生从细节、评价等多角度多层面进行思考分析。这种小组阅读能够训练学生的理解归纳能力，更重要的是换一种“花样”，让他们乐于通过讨论来提升阅读兴趣。小组活动结束后，会有小奖品作为奖励。有时候老师也会直接唱一首歌，以舒缓紧张的阅读气氛。

5．涉及与学生生活、学习密切相关的主题时，可以针对学生的认知水平做一定的扩展，丰富他们的阅读感受。

在坚持推行上述阅读计划四个月后，学生的阅读速度明显提升了，对阅读的畏难情绪也减少了不少。

课后分析 / 解决方案

对外汉语阅读课是一门专项技能训练课，其教学目标应是帮助学生掌握阅读技巧，提高阅读能力，培养良好的阅读习惯。在上阅读课前，老师首先要意识到阅读课不是综合课，不能完全采用综合课的教法。而且阅读课的内容比听力课和口语课难，除了有超纲词出现，还有汉字认读的问题。这就不难理解为什么几乎所有的汉语课都坚持“听说领先，读写在后”。

案例中的教学对象是初级水平大学生，虽然他们的生活阅历和基础知识比中小学生多一些，联想式理解能力强一些，但阅读课效果并不太好，究其原因有以下几点：阅读内容相对枯燥；生词较多，汉字认读有难度；思维不能与阅读内容同步展开。这就是为什么你让他们拿起一本阿拉伯语小说，他们都能一目十行，因为内容没有教科书上生硬，而且接收速度、处理速度能够做到同步。对此，我采取的解决办法是明确告诉学生阅读本身就和口语、听力相差很大，对于所有人都有难度，不是他们个人的问题，以此建立他们的信心。同时，我也教他们一些阅读小技巧，让他们冲破阅读障碍。

阿拉伯成年女学生的性格总体属于比较顺从型的，再加上这个班的学生专业就是汉语，自己有学分压力，所以只要有一个比较完善的教学规划，并且能不断推进，达到理想教学效果的概率并不低。

整体而言，这个阅读课的教学计划之所以有很大的成效，得益于师生的配合。每堂课讲解内容很多，学生们都能积极配合，并快速进入操练状态。语言基础知识打好了，之后的语段、语篇训练就相对容易进行，学生也在获得成就感的同时真正信服老师的教学安排。

另外，阅读内容不要局限在教科书上的文章，不要局限在单纯的阅读答题范围内，老师可以安排阅读诗歌、小说等不同文体的文章，可以有多种互动练习形式，要不断调整教学方法丰富学生的阅读体验。

延伸思考

在教学方法的不断摸索中，我发现和学生进行阅读讨论时还是要以尊重宗教信仰为前提，由于约旦属于伊斯兰国家，课上应该注意避开一些相对敏感的阅读内容。对于一些我们不太熟悉、不太了解的内容表现善意的关注就足够了，不要随意给出自己所谓的正确评价，也不要做过多的讨论或对比。

老师只是学生去中国之前的一位教学摆渡人，主要职责就是教学。等他们真正接触到了中国，接触了中国人的生活方式、行为习惯等等，对于两国文化的差异自然也就了然于心。由于老师曾经给予他们尊重和理解，相信他们会在将来面对文化冲突的时候，能多一些善意的思考，少一些伤人偏激的评价。

参考资料

1. 姜丽萍. 你好，中国（阿拉伯语版）（精选版）[M]. 北京：高等教育出版社，2011.
2. 孟繁杰. 对外汉语阅读教学法[M]. 厦门大学出版社，2006.
3. 张丽娜. 步步高汉语阅读教程（第3册）[M]. 北京：北京语言大学出版社，2006.
4. 张世涛，刘若云. 新编初级汉语阅读教程（1、2）[M]. 北京：北京大学出版社，2018.
5. 赵黎. 对外汉语教学中阅读课的教学方法[J]. 安徽文学，2018（8）.
4. 周小兵. 对外汉语教学入门[M]. 中山大学出版社，2008.

专家点评

该案例作者认真研究了汉语阅读课的实地操作过程，从教学内容、教学特点的层面上下了很大功夫，同时兼顾其他课堂因素，如阅读感受、趣味性讨论、师生配合、尊重本土文化等。与其说是阅读课与综合课的比较，不如说是阅读课的探索。

案例中有两点值得进一步思考。其一，作者提到学生阅读母语小说和中文阅读材料时截然不同的感觉和结果，这反映出语言能力和认知能力的差距。这个差距是无法拉平的，但是必须想办法尽量拉近。其二，外语教学采用听说领先的方法是因为口语更容易的看法可以进一步讨论。

Chapter 4 第四章 教学活动组织与设计

案例27 愤怒鸟与宝可梦的彩色世界

林青青

教学地点 马来西亚吉隆坡

教学对象 （1）年级：小学一年级

（2）国籍：马来西亚和印度尼西亚

（3）第一语言：英语和马来语

教学任务 学生学习以颜色为主题的词语和表达。

案例正文

“老师，我很累，可不可以睡觉？”“老师，我们几点可以回家啊？”这是去年九月开学后，我在一年级中文班最常听到的两句话。上会话课、听力课的时候，学生学两个句式就走神儿，不是百无聊赖地左顾右盼，就是趴在地上睡觉。今天的学习主题是最有趣的“彩色世界”，我却深切地感受到“黑白的郁闷”，每次提问换来的都是集体静默和一片茫然的眼神。

第一周的中文班让我连连受挫，近乎崩溃。心情极度纠结的我在教学日志里写下了这一句话：“我真的适合教一年级中文班吗？”

第二周，我决定改变策略，把自己变成孩子，从孩子的角度来设计教学活动。我想起小时候用糖果包装纸贴在镜片上，把爸爸的黑框眼镜变成太阳眼镜的鬼点子，还有当年那些刺激又好玩的词卡游戏。于是，我大胆设计了以下几种课堂活动，在教学中穿插应用：

1．带学生到户外走走看看，让他们试着把透明色纸合在一起，学习混色，然后画出自己最喜欢的东西，如紫色的云、蓝色的沙子，再用汉语说出来。

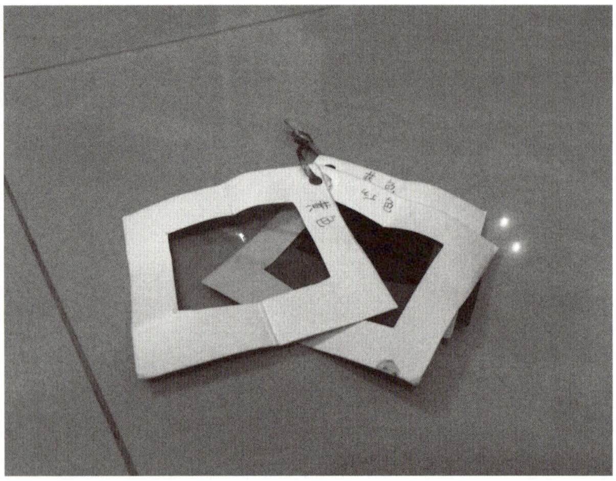

可自由混色的重叠色纸

学生们选用不同的颜色观察喜欢的东西。

2．用学生熟悉或喜欢的动漫人物，如愤怒鸟或宝可梦来介绍颜色。动漫人物让学生感觉熟悉又亲切，学习起来自然事半功倍。

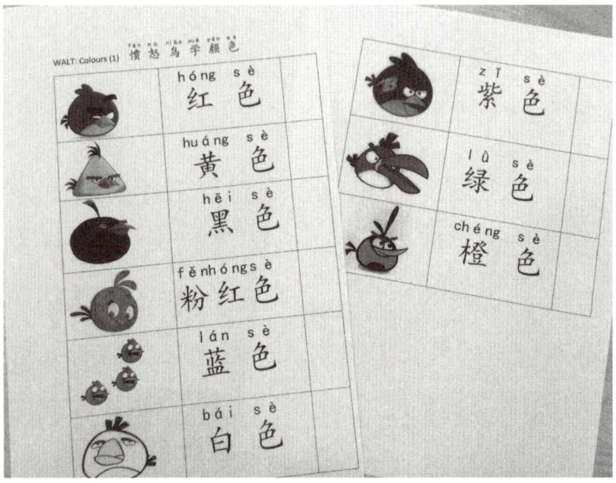

各色各样的愤怒鸟

黄色的皮卡丘、蓝色的杰尼龟和橙色的小火龙

3．玩“猜一猜我是谁”的宝箱游戏。老师将“秘密宝物”放在宝箱里，通过描述让同学们猜一猜宝物的颜色。比如第一件宝物“和叶子的颜色一样”，第二件宝物的颜色是“小丽的文具盒（红色）加上小文的书包（蓝色）”。猜对的同学可以从宝箱里取出宝物展示给同学们看。老师也可以要求同学们在现场找出与宝物颜色一样的物品，用相关句式介绍给大家。

宝箱游戏

“嘿！宝物现身！”

开展了趣味性练习活动后，整个课堂氛围变得活泼、热闹起来，学生们专注上课，学习效果也有显著提升。

课后分析 / 解决方案

现代教学理论强调要以学生为中心，以教师为主导，充分发挥学生的主动性。对于年龄偏小的学习者，老师是整个课堂学习氛围的关键，因此课前准备不可等闲视之。

老师在备课时，必须先了解教学对象。上述案例中的一年级学生只有六七岁，这个年龄段儿童的心理特点是：好动、注意力不集中，对形象具体的事物感兴趣；他们学得快记得快，却也忘得快。

老师在制定教学目标和教学内容后，可参照学生的学习特点、学习方法，安排一些图像、实物、故事、表演和游戏等教学活动来营造生动有趣的学习环境，提高他们的学习兴趣。

有了兴趣，学生就愿意学习，更愿意尝试新事物。如此正向的推动力，还需要担心学生不主动学习吗？在取得一定的学习效果后，学生内心的成就感也会进一步推动学习，达到最优化的学习效果。

延伸思考

“在玩中学”是儿童的学习模式，游戏和故事是不可或缺的要素。它们可以发展儿童的体能、智力、社交和思维能力以及创作能力，可以有效提高儿童的学习成效。

参考资料

1. 陆庆和. 基础汉语教学（一）：语音、文字、词汇、句子[M]. 台北: 新学林出版股份有限公司，2008.
2. 施春宏. 作为第二语言的汉语概说[M]. 北京: 北京大学出版社，2009.
3. 宋如瑜. 华语教学新手指南——实境点评[M]. 台北: 新学林出版股份有限公司，2013.

专家点评

此篇案例老师在遭受连连挫折后深刻分析，意识到自己在课堂中的不足之处，于是采用以学生为中心、以老师为主导的教学方式。老师抓住年幼学生好动、好奇心十足的特点，选用了大量适合他们心理的资料和活动，以营造生动有趣的学习环境，提高学习兴趣。

特别值得一提的是，第二周老师在总结课堂教训时就及时找到了更适合孩子们的方法，引导他们学习颜色。案例中分享了围绕认识颜色这个主题所设计的户外活动，以动漫人物为辅助材料以及采用“猜一猜”的宝箱活动，激发孩子们的好奇心，并且延伸到复杂句式的使用，寓教于乐，让孩子们在轻松欢乐的环境中学习汉语。在不知不觉中，汉语成为游戏中的语言交流工具，达到学习汉语的终极目标：学习语言是为了更有效地沟通。

案例28 高效能语言游戏设计的三条秘诀

殷 蓝

教学地点 美国亨德森

教学对象 （1）年级：中学七年级

（2）国籍：美国

（3）第一语言：英语

教学任务 （1）学生能用汉语娴熟地说出数字1到100。

（2）学生能看懂中国日历上的日期，并能流畅地回答问题“今天是几月几日”。

（3）学生能回答问题“你的生日是几月几日”，并理解中国有关生日的文化，如：吃长寿面、做大寿等。

案例正文

我的教学对象是美国零起点的初中学生，教学内容为数字、日期和生日。我将教学设计分为三阶段：数字是基础，日期作提升，生日传递文化。本课分三个课时进行教学，流程设计环环相扣，一环出现问题就会导致后面的课程无法顺利进行，所以我需要不断设计一些旧知识的回顾。比如：对于数字的回顾，有利于学生准确表达日期；理解了中美两国历法的差别，才能理解为什么中国人会有阴历和阳历两种生日。在教学过程中我设计了以下练习活动：

1. 数数。我选择一些包含数字内容的图片，让学生数出图片上有多少棵白菜、多少头牛等。
2. 看数字大声说。直接在PPT上呈现一些数字，让学生一起回答那是什么数字。
3. 看日历说日期。在PPT上放几页日历，然后圈出一些日期让学生问答。如：“今天是几月几日？”“今天是5月6日。”
4. 制作生日问卷调查“你的生日是几月几日”。每人调查三到五名同学，记录下来并做一个总结报告。如：“小明的生日是7月8日，小张的生日是9月12日，小李的生日是8月20日。”

游戏活动中，大部分学生可能只关注怎么做游戏，而忽略语言知识的练习，所以课堂看起来很热闹，但是学习语言的目的并没有达到，知识也掌握得不够扎实。课堂活动如何设计能让学生既动起来，又把注意力从游戏挪到语言学习上来，是本案例要讨论的核心问题。

我之后设计了两个数字复习游戏，第一个是“神奇的数字图案”，请学生说出被阴影方框覆盖的数字；第二个则是数独游戏。

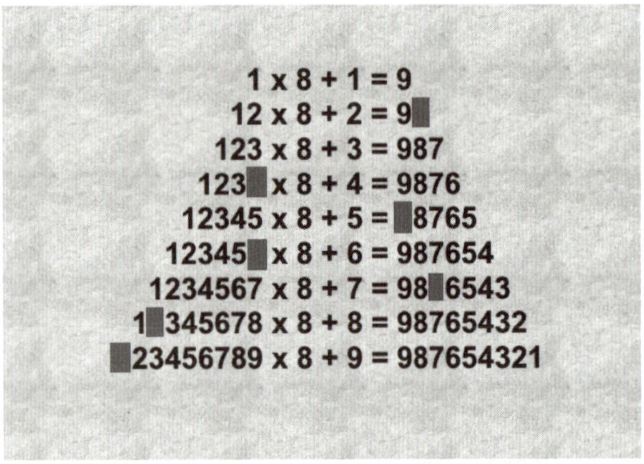

“神奇的数字图案”

数独游戏

课后分析 / 解决方案

秘诀一：思维层次的挑战激活参与游戏的兴趣和语言输出的欲望

在数数和看数字大声说游戏中，大部分学生表现得兴趣索然，主要原因是游戏设计不符合学生的年龄状态。虽然学生是零起点，汉语语言能力比较弱，但这并不代表他们的思维能力也很弱。低龄化的游戏让学生感觉这样的挑战过于幼稚。改换成具有一定思维能力要求的“神奇的数字图案”和数独游戏之后，学生参与度大大提高，兴趣也被激发出来。在填写完数字之后，我还利用这些等式跟学生进行了一系列的验算。过程中学生不仅能流畅地用汉语说出正确的数字，而且还不停地询问某个等式符号用汉语如何表达。不知不觉中，学生积极性得到了调动，语言得到了锻炼，而且还达到了美国外语教师协会（American Council on the Teaching of Foreign Languages）“5C”标准中的其中一个目标“Connections”，即和其他学科的有效融合。

秘诀二：真实语料的运用赋予游戏生活真实性和语言交际鲜活感

我在课堂上展示了不少真实语料，如货币、证件、车票、购物小票、快递单、药品包装和日历等。我询问学生中国货币的面额、中国学生证和毕业证书的编号、车票的车次、购物小票上的数额、门牌号、药品包装上提示的药片服用剂量、校园活动安排日程等一系列问题。真实语料的投入，让课堂变得更真实，教学也因为有了真实的交际背景而变得意义十足。

秘诀三：明确的示范让学生理解游戏过程和语言目标

在最初安排生日问卷调查时，由于我的指令不够明确，很多学生虽然知道找受访者，但并不清楚要干什么。他们不用语言沟通，而是直接让对方填写资料。学生热热闹闹地站起来到处走，但并没有达到操练目标，这可能是这个游戏设计失败的主要原因。因此，老师的可理解输入非常重要，而可理解输入可以依靠示范。我在第二次设计的时候改动了这个环节的活动顺序，先是老师示范，然后挑选两组学生表演，确保学生熟悉游戏过程之后，才让学生开始操练。在整个过程中，我不停地在教室内协助学生完成生日问卷调查。从学生的总结报告来看，调查效果还是挺不错的。

延伸思考

虽然学生缺乏汉语基础，但是我们的沟通方式可以不仅仅来自语言。在肢体语言、面部表情及各种教具的辅助下，我们的可理解输入变得非常多元丰富。语言的输入可以是简单明确的，但图形语言的设计则必须有深度且有趣味。在游戏中结合这些有深度的输入能使游戏更高效，但是否能开发更多类型的有深度的输入呢?

我曾亲耳听到一名有自闭症的美国孩子在一个大会上用汉语说道："我的汉语老师是全世界最伟大的老师，她给我们上课都用真实语料。那些教材都是假的，都是骗人的。"这个句子的逻辑虽然有待推敲，情感也稍稍有点儿夸张，但至少这句话让我感觉到真实语料在教学中的重要性。用真实语料设计游戏，能使游戏更加高效。至于真实语料常常由于信息量太大而导致知识点失焦的问题，需要再进一步思考。

在教学中，"I Do，We Do，You Do"这个流程无比重要。前两个任何一个环节落实不到位，就会导致第三个环节"You Do"失败，或者说能做到"You Do"，但并非理想状态的"You Do"。老师在示范的时候必须强调语言目标，也必须明确地指出游戏环节是为语言目标服务的，千万不要只是示范游戏流程而忽略实时检测语言目标输出的达成情况。唯有重视语言目标的操练，才能发挥游戏的作用。尽管如此，在人数较多的班级开展游戏，老师往往无法兼顾学生的形成性评价，因而在"You Do"环节中感到有心无力。如何克服这一难题，还有待进一步讨论。

参考资料

张和生. 对外汉语课堂教学技巧研究[M]. 北京: 商务印书馆, 2006.

专家点评

该案例的研究对象是课堂游戏，关键词是高效能。如果把语言课堂比作一餐饭，那么游戏和唱歌等活动就是调料，缺了它这顿饭索然无味，但是光吃调料是填不饱肚子的，反而会彻底毁了吃饭人的食欲。中小学的汉语课堂上，玩儿是少不了的，但是不能傻玩儿，无目的地玩儿，而要会玩儿，有效率地玩儿。案例作者抓住学语言这个核心，对游戏进行多方位思考，并付诸实践，取得了预期效果。

案例中有几个闪光点：用游戏激活参与兴趣和语言输出的欲望、使用真实语料、做形成性评价。对于外国中小学生来说，有了兴趣和动力，就有了学习汉语最为重要的先决条件。案例中初学者的数数、看日历说日期等游戏，应该属于使用范围较广的一类。作者提出思维层次的挑战很有见地。学生在动脑筋填充等式中的空白时，其思维过程中有多少应用汉语的成分可以进一步探讨。真实性语料能用上最好，但不宜过分强调，因为很多语用场景是很难在教室里复制的。

案例29 本土游戏乐趣多

徐 欢

教学地点 新西兰惠灵顿

教学对象 （1）年级：小学三四年级

（2）国籍：新西兰

（3）第一语言：英语

教学任务 掌握“猫、狗、羊、兔子”等常见的简单的动物词语。

案例正文

来到新西兰不久我就发现这里的孩子特别好动，对游戏、音乐、舞蹈、运动等兴趣很高，所以我在教学中常常会结合这些活动来组织课堂。对于年龄比较小的孩子来说，在游戏中学习和练习汉语是最开心的事了，无论是多吵闹的课堂，一听到要玩游戏，孩子们就会立刻变得乖乖的。

这次上课的主要内容是动物，我选取了新西兰四种最常见的动物——猫、狗、羊和兔子开始教学。在经过了反复的朗读、背诵之后，我带孩子们一起玩国内流行的“萝卜蹲”游戏。因为之前学过了数字，所以我就通过随机分配数字的方式将学生分成了四个小组，每个小组轮流代表一种动物，学生需要边说“XX蹲，XX蹲，XX蹲完YY蹲”边做动作。我本以为这会是一个非常有竞争性、有趣味性的游戏，没想到现场很混乱。单是教游戏规则和游戏口令就说了好久，差点儿连班主任都整不明白，更别提孩子们了，几乎没有说对的。本来是打算通过游戏巩固孩子对动物词语的记忆，在这四个词语的基础上还增加了两个别的动物词语，但从当时的情况来看，显然是不可能了。好不容易结束了这堂课，我真的很尴尬，觉得这是在这个班上课氛围和效果最差的一次。后来在第二周又玩了一次，虽然好了一点儿，但还是没有达到预期的效果。我有点儿失落，所以在同级其他班里就没有再用过这个游戏。

课后分析 / 解决方案

经历了上次的挫败之后，我开始在新西兰本土的教育网站上寻找一些能适用于汉语教学的东西，下班后或者周末还会去附近的图书馆查阅相关的资料，同时注意观察周围学生平时有什么游戏活动。事实证明，这样的做法是有回报的。我在之后的汉语课堂上多次运用改编自新西兰本土的儿童游戏，不仅使学生们乐在其中，也减轻了我课堂管理的压力，教学达到了预期的效果。

举例来说，同样是学习动物，也是同年级的一个班，我在组织孩子们练习词语时采用了新西兰小孩子最熟悉的游戏——Fruit Salad。游戏中，整个班级的孩子围成一个圆圈。我随机给他们分配动物名称后，便站在圈子中心随机说出某一种动物，被叫到的“动物”就要站起来交换位置，但不能和自己旁边的人交换，至少要隔一个人。几轮之后，我挑选一个学生来接替我继续游戏。整个游戏过程氛围很好，大家都很开心。在之后的教学中，学生们还多次提出要玩这个游戏。

在Fruit Salad游戏中，所有被叫到学生争先恐后交换位置。

还有一个改编自新西兰本土的游戏叫做“Buzz”，某一次低年级观摩课上见到过。当时班主任（classroom teacher）正带领孩子们学习他们的母语英语，主要内容就是学数字。游戏开始，所有学生围成一圈，老师选定一个数字作为“危险数字”，通常是6或7。之后，学生按数字顺序顺时针/逆时针报数。当学生刚好报到该数字时，可以有一次机会将圈中任意一人淘汰。第二次如果再轮到这个学生报“危险数字”，就要被淘汰，下一个学生重新开始报数。在刚刚接触汉语数字的时候，玩这个报数游戏可以将“危险数字”设置得小一些，比如5、6或7。随着学生对数字的掌握程度越来越高，可以将数字设成两位数。

另一个广受学生们欢迎的游戏是数学猜拳，由“石头剪刀布”改编而来，不过这个游戏只适用于已经掌握汉语数字的孩子。具体的规则如下：游戏双方喊“一二三”然后随机比出某个数字的手势，用汉语先说出两数之和的一方获胜。当然，在他们玩顺了加法之后，还可以改为减法，双方出的数字可以由最开始的五以下扩展到十以内，甚至更大。若是还想加大难度，可将每一小组的玩家人数由两个增加到三个、四个，甚至更多。学生们后来还分成两队竞赛，队中成员依次出列进行比赛，胜者留下与另一队的下一名选手较量，败者淘汰。采用这个游戏的好处是，大家都熟悉游戏过程，解释规则很轻松，不用多费口舌学生就能明白怎么操作了，这是从可行性层面来考量。从功能性层面来考量，这个游戏不仅帮助孩子复习、巩固汉语知识，也是对大脑智力的开发和锻炼。

“七！”（小朋友们全情投入，和同学比一比数学猜拳。）

延伸思考

游戏教学可以说是小学生汉语教学课堂中应用最广泛的一种方式，也是激发学生学习兴趣的一大法宝。可是，对于汉语教学来说，游戏的目的、方式和效果是在选择游戏、组织游戏之前就应当考虑的内容。面对不同水平、年龄、文化背景和语言背景的孩子，当然不能单纯从老师的角度出发考虑问题，将国内游戏照搬到海外汉语教学的课堂中，其结果不如意也是可以预见的。俗话说：“只有合适的才是最好的。”不仅对于游戏在海外课堂中的应用来说是这样，对于其他教学方法，比如前面提到的音乐、舞蹈等亦是如此。

参考资料

1. 刘亚琪. 谈课堂游戏在对外汉语教学中的有效应用[J]. 海外华文教育, 2009(3).
2. 朱勇. 国际汉语教学案例与分析[M]. 北京: 高等教育出版社, 2013.
3. 祖晓梅. 汉语课堂的师生互动模式与第二语言习得[J]. 语言教学与研究, 2009(1).

专家点评

本篇案例以“只有合适的才是最好的”作为总结是最大的亮点。在国际汉语教学中，老师需要因时因地因人灵活采用最合适的方式教好每一堂课。采用本土游戏有很多可取之处，案例作者已做出很好的分析。在出现了学生们不熟悉的游戏时，该老师转向本土游戏是解决问题的方式之一，但并不代表不熟悉的游戏就应该避免。相反的，在课程范围内教学生一些新鲜事物也是老师的职责，特别是一个国际汉语老师。

在我们的日常教学中，常常会遇到文化冲突，以及与陌生事物的接触。怎样引导孩子以开放的思维方式，好奇而且有耐心地潜下心来发现、学习、探索不同文化中的种种事物，是所有国际汉语老师应该思考的问题。最常用的方式是让学生比较和对比生活中是否有不同国家或地区、不同民族、不同文化之间相同、相似或相反的情况。在讨论中，学生们可以相互启发，所以即使老师对当地文化不了解，学生们的参与互动也可以弥补这个不足。

案例30 教“时间”的苦恼

熊丽捷

教学地点 新西兰奥克兰

教学对象 （1）年级：小学五、六年级

（2）国籍：新西兰

（3）第一语言：英语

教学任务 （1）学生学习有关“时间”的表达。

（2）学生掌握句型“现在几点？”“现在五点二十分。”

案例正文

这一周的话题讲到了“时间”，这可把我难住了。心想教“时间”无非就是怎么问时间，怎么说时间。针对枯燥的“时间”，该怎么设计我的课堂活动呢？在第一节课上，我只教了“现在几点？”“现在五点二十分。”这两个一问一答的句子。我把全班24个学生分成了6组，每个学生自己写一个时间，再与小组中的其他成员练习对话“问时间”。活动刚开始还算有序，可是没过多久，一个平常上汉语课特别兴奋、踊跃回答问题的小女孩板着脸对我说：“老师，这节课真无聊，什么时候到午餐时间呢？我都饿了。”她这么一说，我有点儿愣住了，班里的其他同学也将目光齐刷刷地投向我。

为了扭转这种令我尴尬的局面，我在第二节课设计了两个游戏活动。第一个游戏是“Hot & Cold”游戏，学生们需要根据提示音量的高低快速找到“时间”卡片，并回答上面的问题。第二个游戏是“时间沙漏”，学生们需要在规定时间内尽可能多地完成“时间”问答，完成最多者获胜。在两个游戏进行的过程中，学生们竭尽全力以最快的时间思考并回答问题。他们玩得不亦乐乎，下课的时间到了，还嚷着要再玩一轮，看来我的目的达到了。

课后分析 / 解决方案

第一节“时间”课上，小女孩的话可真是帮了我大忙。她的话像一根强效预防针，冷不丁地刺了我一下，让我明白不管是什么样的话题或者句型，都应该不遗余力地在课前针对学生们的学习习惯和方式设计有趣的练习活动。我因为认为“时间”的话题不容易做游戏，就在备课环节稍有松懈，给学生们上了一节枯燥的汉语课。细细想来，这确实是因为我在工作中偷懒造成的。

第二节“时间”课上，我先放了一首关于数字的儿歌，欢快的旋律在调动了课堂气氛的同时，也帮助学生们复习了学习时间时需要用到的数字。紧接着我以公式的形式（5:20 = 五点二十分 = number + 点 + number + 分）简单明了地概括了上节课的学习内容。这节课学生们乖乖地在课桌前坐了五分钟，我就让他们来到地毯的活动区域了。他们一个个脸上都绽放出了笑容，因为他们知道游戏时间到啦。

第一个活动是“Hot & Cold”游戏，我准备了五张不同的时间卡片，一共进行了五轮游戏。首先需要选出一个玩家和一个藏卡片的人，玩家要面向黑板闭上眼睛，等藏卡片的同学藏好后，玩家就要开始满教室找了。其他同学也不能闲着，大家都要齐声问“现在几点？”直到玩家找到卡片为止。有趣的是，其他同学问“现在几点？”的声音需要根据玩家距离卡片的远近和方向的对错进行调整。如果玩家离卡片越来越近，其他同学的音量就会变高，反之则音量变低。当玩家根据其他同学的音量找到卡片，并用中文回答对卡片上的问题时，这轮游戏就算是结束了。

“时间”的问答都练习得差不多后，第二个活动就要上场了。这个游戏名字叫“时间沙漏”，主要是用来帮助学生在拥有准确度的基础上提高流利度。我拿出了准备好的“五秒钟迷你沙漏”，向已经迫不及待要玩游戏的学生解释了规则：全班同学两人一组，一问一答，一人问“现在几点？”一人根据PPT上给出的时间表快速回答，每个问题只有五秒钟的作答时间，在迷你沙漏漏尽之前完成一问一答，方可切换到下一题，答题数目累计最多的组为获胜组。

我精心设计了“时间”的课堂活动后，教“时间”也变得不再苦恼了。我教得起劲儿，学生们学得也起劲儿，课堂气氛马上就不一样了。此外，老师还需注意在学习过程中学生出现一些错误是不可避免的，这些错误如果不及时纠正，或许会影响学生对知识的掌握，但如果过于强调其正确性，不注意方法，则会损伤学生的积极性，使学生失去学习的兴趣。游戏是学生普遍喜爱参与的形式，活泼有趣的游戏可以避免反复操练的枯燥，还可以消除学生在学习中出现的紧张情绪。针对拼音、汉字、词汇、语法学习，老师可以设计多种灵活有趣的游戏，有很多教学参考书和教学网站可以提供灵感。多设计几个与教学内容相关的游戏练习，一方面提高了教学效果，另一方面也培养了学生学习汉语的兴趣。所以说世上本没有枯燥的课程，有的只是不肯下功夫备课的老师。

延伸思考

大大的地毯是孩子们“玩中学”的天堂。

我所工作的学校是新西兰斯爱伦学校（ACG Strathallan College）的小学部。这所学校所有教室的布局都由两个部分组成，一部分是传统的课桌椅子，另一部分则是供学生们席地而坐的大地毯。事实上大部分新西兰学校教室的布局都是如此，因为这里的学生喜欢在“玩中学”。如果让他们乖乖地在椅子上坐整整一节课，马上就会有学生抱怨了。所以每次上课之前，我都会精心准备一些游戏活动，让学生在地毯区域动起来，这样他们才能学起来。

参考资料

（新西兰）Victor Siye Bao, Sihuan Bao, John Tian. 中文游戏大本营——课堂游戏100例（上、下册）[M]. 北京：北京大学出版社，2010.

专家点评

熊老师把枯燥的“时间”句型操练变成有意思的游戏活动，其核心是让学生感到较强的相关性，即学习过程与自己有关。案例的教学对象是新西兰小学五六年级学生，如果告诉这些孩子汉语是未来全世界的语言，学好汉语长大后如虎添翼，前途更加宽广，大概近乎于对牛弹琴。然而游戏取胜的心理可以激发他们的参与热情。熊老师正是利用了这个心理因素，诱导孩子们进入了句型操练的学习程序，那热闹的课堂、迫不及待的童声以及取胜后神采奕奕的表情似已经浮现在眼前，看来教与学之间还有一些心理较量。

英国科技理论学者汤姆·查特菲尔德（Tom Chatfield）认为，游戏的一个主要功能就是让玩游戏的人得到奖赏，或者叫满足感。这是男女老少所有人都能产生的一种感觉，这种感觉能够激发参与感，让参与者感到活动或者游戏与自己有关，使学习成为一个劳有所获的过程。当然，小学课堂上的游戏和比赛需要精心设计、酌情使用，否则会冲淡实质性的教学内容。

案例31 学以致用——营造高效的汉语课堂

徐 晖

教学地点 印度尼西亚雅加达

教学对象 （1）年级：小学六年级

（2）国籍：印度尼西亚

（3）第一语言：英语

教学任务 以情景教学的方式，开展“季节和天气”“中餐厅点菜”的教学活动，提高学生的汉语实际应用能力。

案例正文

在正式教授“季节和天气”这个主题前，我先问了一个导入性的问题：“今天的天气怎么样？”然而回应的学生很少。原因一是学生觉得这个问题“太简单”，不屑回答；二是中文高级班的学生都“怕错”，不敢回答。课堂气氛显得很尴尬，幸好我事先有准备，直接给学生们播放了一段天气预报的视频，内容大部分都是学生熟悉的城市。我要求学生们通过观看天气预报，然后告诉我那几个城市的天气状况。他们一下子来了兴趣，听得很认真，有的学生还拿笔做了笔记。看完之后，学生抢着回答我提出的问题。之后，我又说：“你们想不想当天气预报员？我们学完这一课后，同学们要小组合作，告诉老师你们国家的季节和每个季节的天气。”

第二节课上，我除了给学生复习一些常用词语、基本句型以外，还结合他们生活的城市——雅加达，补充了诸如“发大水、干旱、潮湿”等词语。完成教学内容后，轮到课堂展示的环节。学生们很兴奋地用PPT小组合作完成的结果——展示自己国家的季节，而其他学生也听得很认真，与自己小组完成的作品悄悄地进行比较。

学生们在分享自己国家的季节和天气，还贴心地建议不同季节应该穿什么衣服。

学习中西餐食物名称的时候，恰逢华人新年，有些学生会去中餐厅吃团圆饭。我让学生关注一下饭店的中文菜单，并让学生回到课堂后，自己也设计一份中餐厅的菜单，向大家展示。到“中餐厅点菜”活动时，我让学生分组扮演顾客和服务员，在饭店里开展对话。我也鼓励学生发挥创意，增加更多的情节，如“结账、优惠、打折”等。

课后分析 / 解决方案

在“季节和天气”这个教学活动中，我根据学生的课堂表现情况，适时调整教学策略，改变沉闷的导入方式，用视频吸引了学生的注意，任务明确有效。这次课的导入过程让我明白，备课是很重要的，不仅要考虑知识本身如何更有效地传递给学生，还要考虑学生的水平、情感、反应等。如果没有充足的课前准备，当遇到这种尴尬时，课堂必然是“低效”的。

此外，结合学生的生活实际情况或者模拟真实的场景，让学生从生活中学，在生活中用，能极大地激发学生的学习兴趣，并且能将短时记忆化为长时记忆。所谓“纸上得来终觉浅，绝知此事要躬行”，学习“季节和天气”的目的就是让学生能够描述不同季节的特征，知道季节的更替，并且能描述不同的天气。因此，“天气预报员”是很适合他们的角色。为了获得老师的夸奖和同学的称赞，学生在做展示前都准备得很认真，有些小组的展示内容甚至超出了老师的要求，还谈到了不同季节怎么穿衣搭配以及可以进行哪些活动等等。所以老师除了要给出一些基本的要求外，还要鼓励学生多思考，所谓“保底不封顶”。

当然，在教学中也发现了一些问题。学生进行小组合作展示时，我只是根据全班人数选择了若干名小组长，然后由小组长去选择自己的组员。这样做的弊端是小组长会选择和自己关系较好的同学合作。展示的时候，水平较好的学生说得多，稍差的同学开口机会少。因此，如果要解决这个问题，老师最好根据学生的水平进行分组，规定每个成员都要承担一定的任务，这样就能很大程度上避免上述情况发生。

在“中餐厅点菜”这个教学活动中，学生带着“去餐厅点菜记菜单”的任务去吃饭，回来后设计的菜单可以作为表演“点菜”的道具。学生从菜单上“自学”比老师教他们要更有效率。当然，这样的任务要提前一到两个星期布置。从“菜单”反馈的情况来看，有些组的作品不仅图文并茂，内容详实，而且创意十足；有些组的作品则显得单调，缺乏创意。老师点评的时候，需要明确指出优缺点。

课堂上表演“中餐厅点菜”时，学生可以使用课本上学到的句子，也可以发挥自己的想象力，增加一些课本上没有的内容，比如“打折、结账”等。想让学生将上课所学灵活运用到实际生活中，老师需要做好铺垫和引领的工作。

除了上述两个主题，在遇到其他主题时，也需要秉持“学以致用”的原则。比如：讲到“学校设施”，我会花一节课的时间，安排学生有人当“导游”，有人当“游客”，去参观校园；讲到“看病”时，我会让学生角色扮演，模仿医生和病人的对话；讲到“职业”时，我会给每个学生指定一个职业，然后一个学生描述，其他学生猜一猜他的职业；讲到“菜市场”时，我会让学生带着我事先准备好的“钱”去买“菜”，学会说菜名、问价钱，甚至讨价还价。

学生学习外语要“活学活用”。“活学”就是让“学习”真正发生，老师教十遍不如学生学一遍。这么说也许有点儿夸张，但充分说明老师的作用只是引导，学生才是学习的主体。“活用”就是让汉语回到生活中去，让学生了解语言不是知识，而是技能。

延伸思考

在印度尼西亚小学，汉语排在英语和印尼语之后，基本上是作为第三语言来学习的。在我任教的这所国际学校，汉语是一门选修课。学生在家里不用汉语交流，走出校园后基本上也用不到。因为这样，小学高年级学生会对为什么要学习汉语产生疑惑。而且，六年级学生面临小学毕业考试，课业压力加大，再加上心智渐趋成熟，喜欢的事物不再一样，学习汉语的热情也在逐渐消退。因此，我们需要给学生一个学习的动机，那就是“学以致用”。没有语用环境，那么我们就想方设法创造环境，激发学生的学习兴趣，让学生有更多的时间去接触汉语，亲近汉语，使用汉语。

参考资料

1.（美）海伦娜·柯顿，（美）卡罗尔·安·达尔伯格. 语言与儿童：美国中小学外语课堂教学指南（第四版）[M]. 北京：外语教学与研究出版社，2011.
2. 刘珣. 对外汉语教育学引论[M]. 北京：北京语言大学出版社，2000.
3. 文秋芳. 二语习得重点问题研究[M]. 北京：外语教学与研究出版社，2010.

专家点评

此案例的着重点应该给予肯定，就是学生学习汉语的目的不只是了解语言知识，知道怎么说怎么写，还要"学以致用"，把语言知识用到生活中去。

学生需要综合各种能力才能运用得当，所以语言学习的重点应该是"我会"。也就是说，在学习"季节与天气"这个主题时，应该侧重于让学生学会使用重点词汇和句式描述不同天气的状况，并且会针对不同天气状况，告诉别人如何穿衣。在学习"中餐厅点菜"这个主题时，应侧重于让学生根据所学的词汇和句式，能够设计菜单、跟服务生交谈、了解菜品、完成点菜等等。采用"我会"模式，可以使学生简单明了地清楚学习目的，并在学习过程中自我考核，使得学生相互考核以及老师考核变得相对容易而直接。

情景教学可以根据不同主题，给学生设置一个或多个使用这个主题的场景。老师把生活场景搬入课堂，结合生活实际，指导学生使用这些语言，为学生在真实生活中使用这些语言建立信心。

案例32 你的教学目标是什么？

李 娜

教学地点 新加坡

教学对象 （1）年级：小学三年级

（2）国籍：中国、英国和法国

（3）第一语言：多为英语

教学任务 （1）学生能够按照笔顺听写本课的生字。

（2）学生能够用自己的话复述孔融让梨的故事。

案例正文

刚开学不久，中文总监要来听我的课。备课前，我列出优秀课程需要具备的几个要素：听、说、读、写面面俱全，活动设计动静结合，多种简便有效的测评手段，分层教学……要融合所有的元素可得花不少时间备课。

在小学部，中文课没有固定的教室，我教三年级的中文二语班，孩子们听力没有问题，但很少有用中文的机会。那天，我赶去教室时，教室里的老师拖堂，有几个学生已经到了，只好和我安静地等在教室门外。一进教室，我便争分夺秒开始上课。“今天我们要复习课文。我们先来做Slap Board游戏。请你们按照我说的生词，slap the board。”平时，孩子们听到游戏都跃跃欲试，而那天有一半的孩子没有举手。为避免出现课堂冷场，我加快了上课的节奏，缩短了游戏的时间。“你们认字不错，下面我要看看谁写字写得好，我们要做Strike a Stroke的比赛。”因为是当天的最后一节课，大家有些心不在焉，积极性不高。我挑了几个平时比较积极的孩子先来比赛。最后是复述课文，通过师生一问一答的方式，帮他们理清故事的主要内容。这时，有些孩子已经默默地收拾好了自己的文具，准备下课了。

终于挨到下课了，和以往不同的是我准备了课文阅读材料《小白兔过桥》中的独木桥，让他们有序地离开教室，懂得互相谦让。没想到我一说“下课”，有一个孩子便迫不及待地跳上独木桥，冲出了教室……

原先设计的活动都完成了，我感觉结束了一场和时间的赛跑。总监笑问："你累不累？你的教学目标是什么？"我答道："教学目标是复习。"总监笑而不语。

课后分析 / 解决方案

公开课后，中文总监和我进行了面对面的交流。总监问我："下次，你会如何上这节课？"我认为考虑到这是本周最后一节课，我会适当减少这节课的游戏活动。此外，还要更灵活地调整活动顺序，先静后动可能会更符合学生当天的心理状况。她又问我："为何要赶课？"我坦白地告诉她，我有很多教学元素要展示，时间不够用。她表示理解，并明确说明她不会要求这些，叫我不必为了公开课而改变。她告诉我，看公开课，比起老师怎么教，她更关注学生如何学，水平有没有提高。听了总监这番话，我顿感轻松了不少。是啊，看公开课，重点应该看学生，而不是老师，才可称之为"以学生为本"。

接着，我们谈了教学目标。经过提点，我意识到"复习"并不能称为教学目标。教学目标是老师预期学生在下课时能达到的表现，而不是课堂中的活动或老师自己的教学目的。教学目标本身应该清楚而具体，对于学生它是可行的，对于老师它是可测的。这节复习课，我不必面面俱到，反而可以有侧重地针对学生的弱项说和写来设计教学活动。教学目标可以是：

1. 学生按照笔顺听写本课的生字；
2. 学生能够用自己的话复述孔融让梨的故事。

这样的教学目标比起"复习"，对于学生更明确更可行；对于老师更可测。

"学生至上，精益求精，不断创新"是我们学校的办学理念。学生每天都有中文课，我有机会尝试不同的教学方法，如用肢体动作来帮助记忆生词，借鉴和改良少儿传统游戏，在课堂中尝试不同的教学用具等。为了综合培养学生听说读写四项基本技能，我把每天的课的教学目标重新调整了一下。如下：

星期一是"听"，"我会听懂这个星期的词汇，做出班级同学一起设计的动作"；
星期二是"说"，"我会根据班级同学设计的动作，说出这个星期的词语和句子"；
星期三是"对话"，"我会根据老师设定的场景或任务，完成对话"；
星期四是"读"，"我会念这个星期的生字并说出它们的意思"；
星期五是"写"，"我会听写生词"。

每天一上课，学生就先被告知他们当天的学习目标："下课时，我会……"下课时，学生们或互相检查，或由老师检查他们是否完成了学习目标。当他们走出中文教室，每个人都自豪地说着“我会”，感受到自己的进步，脸上写着满满的成就感。

延伸思考

我拥有中英两国教师资格证，现今在新加坡的国际学校执教，经历过无数的公开课，每次公开课的反馈都带给我不同的思考。这里的领导和同事都是教学领域的前辈，经过他们的提点，我意识到学生是否学到东西、水平有没有提高，才是判断公开课好坏的标准。事实上，老师们花了很多时间备课，试图融合一节好课的全部内容，然而却忘了“学生为本”，反而导致教学效果并不理想。

这两年来，我改变了备课的方法：先花时间明确每节课的教学目标，然后按照教学目标来安排相应的教学活动和评估方法。我称之为“一个中心，两个基本点”。“一个中心”和“两个基本点”环环相扣。在备课时，必须先明确“一个中心”。好的教学目标是精确的、可观察的和可评估的。教学目标只有精确，才能有的放矢地设计教学活动；教学目标只有可观察，才能评估学生；教学目标只有可评估，才能了解学生，帮助学生提高水平。

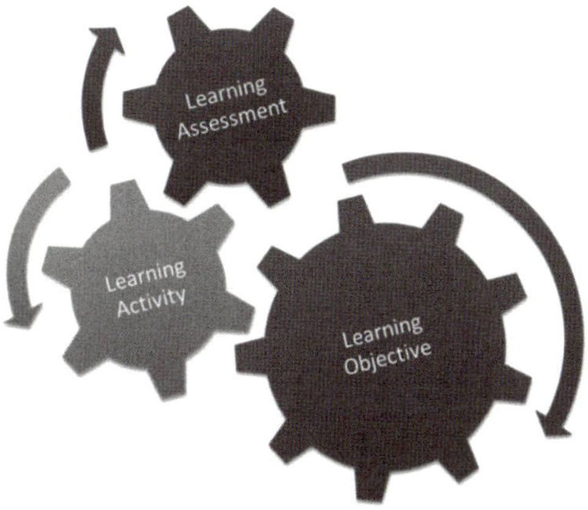

运用学习目标选择适合的教学活动和教学评估。

例如对于学习“颜色”这样的课，我会按照听、说、读、写四个技能，确定我对学生的具体要求。比如：

听：我可以听懂并指出常用的五个颜色；

说：我可以用中文说出五个常用的颜色；

读：我可以认读汉字“红、黄、白、黑、蓝”；

写：我可以听中文/英文，写出汉字“红、黄、白、黑、蓝”。

有了明确的、可观察的和可评估的教学目标，就能按“一个中心”来安排教学活动。如“我可以用中文说出五个常用的颜色”是今天的教学目标，让学生两人一组做Talking Dice游戏，就是今天的教学活动。在活动开始之前，老师还必须设计多种不同的练习形式，通过不同的活动让学生能充分掌握。如Teacher vs Students让学生反复跟读，Simon Says练习并检查学生是否听懂……

一系列的教学活动初步定好，接着要逐一考虑教学评估，并以此调整个别教学活动。“Teacher vs Students”“Simon Says”适合老师口头反馈，“Talking Dice”较适合学生互评。理想的教学评估除了具有多样性外，还要考虑到班级大小、学生能力等实际情况。太多的反馈必定费时费神，太多的学生自评和互评可能漫无边际。经过教学评估的种种考虑，我最终决定选用游戏“Talking Dice”搭配“学生互评”来作为这节课的教学活动。就这样，“一个中心，两个基本点”搭建了一堂课的框架，剩下的便是精雕细琢，精益求精。

参考资料

1. 王允庆，孙宏安. 课堂教学目标研究[M]. 北京：人民教育出版社，2015.
2. 冯增俊. 把教学目标落实到位——名师优质课堂的效率管理[M]. 重庆：西南师范大学出版社，2008.

专家点评

案例作者精雕细琢、精益求精的精神很是可贵。案例把教学目标作为核心议题，描述了作者对一节课教学目标的认识过程，有很多值得借鉴的地方，如以学生为本、可观察性和可评估性。至于文章开头提到的“赶课”现象，在国际学校的中文教学里再常见不过了，其中有多种原因，不必细究。

能够明确制定每一节课的教学目标是极为可贵的。老师如果能够做到，并且让大多数学生在每一节课上都达到这些目标，可以称为国际汉语教学的理想境界。单节课目标含混，只有部分学生能够在课上达标，倒是常见现象，否则学成汉语的外国孩子应该已经遍布天下了。海外中小学老师的课时量很大，一般占工作时间的70%左右。备课、改作业、开会、组织课外活动、监督留堂学生等诸多的“额外”事情更是应接不暇，很难要求老师对每一节课都定出清晰、可行的目标。其次，汉语作为十几个科目的“之一”，课时少，校内没环境，课外无巩固，学生的进步尺度以单元、学期或学年来衡量会更加实际。

案例33 中文课堂竞赛与心理平衡

孟 芳

教学地点 新加坡

教学对象 （1）年级：中学七年级

（2）国籍：美国

（3）第一语言：英语

教学任务 （1）学生掌握有关健康生活方式的词语。

（2）学生讨论如何建立健康的生活方式。

案例正文

一次我观摩复习课时，该课老师安排了学生小组比赛，将学生分为两组，每组六名学生。比赛的内容是词语复习，比赛规则如下：表格中列出20个词语，每个词语都给予不同的分数。学生只有用挑选的词语正确造句后，分数才会显示出来。但是在这20个词语中，只有18个有分数，另外2个的分数由“台风”取代。如果一组选择了“台风”，成功造句后，另一组的总分就会变成0分。最后，分数最高的组获得胜利。

比赛开始时，学生们情绪高昂，思维活跃，课堂气氛也活泼热烈。然而，比赛接近尾声时，有个学生因为他的小组的分数被“台风”吹走了而恼羞成怒，拍桌子大声咆哮，情绪非常失控，吵着说比赛结果不算数。这个突然的举动让老师也紧张起来，而其他的同学也被吓得不知所措。

课后分析 / 解决方案

争强好胜也许是人类的天性，而比赛则能把人的这种天性表现得淋漓尽致。所以，现在汉语教学中，小组比赛受到许多老师的青睐。学生为了在比赛中展现出自己最好的一面，能比别人多抢答几个问题，就会在课堂上认真听讲，绝不漏掉任何一个知识点。学生们乐于参加比赛，课堂气氛就会非常活跃，这样也就能更好地达到老师期望的教学效果。

尽管课堂比赛可以在一定程度上帮助提高教学质量，但若比赛的某个环节处理不好，则会干扰正常的课堂教学秩序，成为降低教学质量的因素。从儿童心理学的视角分析，“输不起”是儿童的一种普遍现象。孩子做任何事情时，总是希望自己能做得比别人好，获得老师的认可。可是，孩子年龄小，各方面都还不成熟，一旦遇到挫折或困难，就会表现出不满意、不高兴。这些消极的情绪会影响学生的身心健康。因此，在安排课堂比赛时，要特别注意以下三点：

第一，比赛适合学生心理特点。并非任何一种课堂活动都适合所有年龄段的学生。老师在安排小组竞赛活动时，应根据不同年龄阶段学生的心理特点，选择适合的活动内容，这样才能收到更好的效果。上述案例中的小组比赛，更适合较高年级的学生，而对于低年级的学生，则应该选择趣味性更强的小组游戏，缓和对抗气氛，让学生保持比较平衡的心理状态。

第二，制定规则降低对抗强度。比赛规则是确保比赛顺利进行的重要因素。为此，在制定竞赛规则时，就要考虑胜负、得失的级差不要过大，适当降低对抗强度，使各组学生始终有继续努力赶超他人的希望。在上述案例中，如果学生遇到词语“台风”时，只被“吹走”2分，学生就不会有过强的反应了。同时，这也可与现实生活联系起来，使学生懂得即使台风真的来了，也不会“毁灭”一切（分数归零），我们还要有继续生存、发展的勇气和信心，从而使学生保持积极向上的健康心态。

第三，培养“胜不骄，败不馁”的精神。比赛开始之前，老师就要明确告诉学生，比赛只是一种学习、巩固知识和技能，培养优良品质的方法与手段，而不是目的。因此，学生必须以互相学习、共同进步的态度参与比赛，并严格遵守比赛规则，互相尊重，接受比赛结果，赢得起也输得起，始终保持积极主动、不断进取、奋勇拼搏的精神，使自己在困境中经受锻炼，增长经验，走向成熟。一旦发生失控局面，老师应该及时安抚学生的激动情绪，鼓励学生继续尝试。

延伸思考

人们生存的目的都是为了追求幸福和享受生活，而幸福和享受的基础是健康的身体。世界卫生组织把身体健康定义为：生理健康、心理健康和社会适应等三个要素。中国著名健康专家洪昭光则把合理膳食、适当运动、戒烟限酒和心理平衡作为身体健康的四大基石。国际学校的汉语教学要为学生的终身追求服务。安排形式多样、内容丰富的竞赛活动时，需要老师帮助学生及时调整自己的心态和情绪，懂得努力就有收获，明白在失败中可以学习更多的经验。这样一来，学生便可以平和处理比赛的结果，加强承受挫折的能力。这样的课堂比赛既巩固了学到的知识，又培养乐观向上、敢于承担后果的心态，为学生未来的发展打下良好的基础。

“别哭了！”学会面对挫折也是每个学生重要的一堂人生课。

参考资料

1. 陈东东，（美）刘欣雅. 国际汉语教学活动50例[M]. 北京：外语教学与研究出版社，2019.
2. 姜丽萍，李俊芬. 课堂活动设计指南[M]. 北京：语言大学出版社，2014.
3. （英）罗博·普莱文. 让学生快速融入课堂的88个趣味游戏[M]. 北京：中国青年出版社，2018.
4. （英）麦克·格尔森. 从备课开始的50个创意教学法[M]. 北京：中国青年出版社，2017.
5. 魏为秋. 华语教学的至尊宝——趣味操练. (2014-04-28)[2016-09-09].http://www.com/teachers-window/content/2014/04/28/30357.shtml.
6. 浅谈如何抓住学生的注意力. (2012-09-23)[2016-09-10].http: //www.xzbu.com/9/view-3483008.htm.

专家点评

此案例叙述了一个在汉语课堂常见的小组活动。为了激发学生的学习动力，老师会安排一些小组比赛，让学生在良性竞争的状态下，热闹而有序地一较高低。

因为课堂上是中学生，有较强的竞争意识，个别学生因比赛失利而产生负面情绪实属正常。只要老师在事后和学生交谈，让他们有机会把内心的挫败感说出来，并加以开导，知道以后如果遇到类似的状况应该怎样控制情绪，应该怎样以正确的心态面对失利，就能化解学生的失控情绪。

老师“在课后分析/解决方案”中用较多的篇幅分析如何在心理层面完善活动中的规则，以求得学生心理平衡，达到满意效果。但是在实际工作中，老师们会发现根本没有完美的规则，所以可以借此机会让学生们认识到这一点。有的课堂活动可以让学生参与制定规则，在制定规则时学生能学会如何求同存异。只要大家认可，规则即使不完美，也可以实施。另外，大家还可以一起讨论现在的活动有什么问题，以制定出更受欢迎更完善的规则。

案例34 海外中文课堂活动与学生注意力

孟　芳

教学地点 新加坡

教学对象 （1）年级：中学八年级

（2）国籍：美国

（3）第一语言：英语

教学任务 学生复习课文《七天北京旅游套餐》，掌握写作技巧。

案例正文

有一次我去观摩一位汉语老师的课，课时是一个小时，学生是十二人。老师对学生的态度很亲切，师生之间的互动很友好很积极。老师设计了四个不同类型的活动，包括：分组画图猜词语、个人及分组朗读课文《七天北京旅游套餐》、回答问题、Kahoot游戏。

到最后一个活动时，有的学生开始显露疲态，甚至出现厌烦的情绪，有的小组敷衍了事，还有一些学生只顾闲聊、打闹。学生们闲聊的声音越来越大，几乎掩盖了老师的声音。老师不得不多次提高嗓门，试图传达她的指令，但几乎无济于事。学生完全沉浸于自己的兴奋和吵闹中，对老师的手势和语言几乎是视而不见、听而不闻，课堂的活跃程度已经超出了老师的掌控范围。最后，老师不得不终止小组活动，学生都坐回自己的座位上。老师疲惫不堪，学生也几乎无法继续集中注意力听老师做课堂小结。

课后分析 / 解决方案

若要避免上述教学活动出现虎头蛇尾的情况，需要老师处理好以下四个主要问题：

第一，精选活动内容。有些老师以为课堂活动安排越多越好，这样学生才不会觉得烦闷。可是，每一项活动都需要花时间向学生解释活动的目的、要求、流程等，而这些都与学习内容没有直接联系，因此课堂活动必须要适量精选。在上述案例中，上课时间只有短短一个小时，如果这位老师把课堂活动由四个减为三个，也许就不会如此疲于讲解、指导和管理课堂，教学质量肯定会有提高。

第二，激发更多兴趣。上述案例表面上是课堂管理问题，但导致课堂出现混乱的原因是学生的注意力涣散。俄罗斯教育家乌申斯基说过："注意是我们心灵的唯一门户，意识中的一切，必然都要经过它才能进来。"如果学生在学习时注意力分散、心不在焉，便很难集中在一定的学习对象上。所以，在设计课堂活动时，我们应多方面挖掘学生的潜在兴趣，做到一上课就能紧紧地抓住学生的注意力，激起学生的好奇心，使他们很快进入"最佳学习状态"。尽管如此，也要避免活动太多，导致学生出现疲惫、闲聊甚至课堂管理失控的现象。在进行课堂活动时，应多注意观察学生是否有效地参加课堂活动，及时调整活动安排。

第三，活动与能力相称。现在我们都重视兴趣教学，但好玩、有趣的教学，并不代表就是花俏而完全没有压力的游戏活动。相反，有挑战学生才会觉得上课"好玩"。与学生能力相称的挑战，才对学生有较强的吸引力。在本案例中，学生对于词语的掌握已经非常熟练，老师应该考虑给学生选择更有挑战性的活动，比如把课文改写成对话，并用角色扮演的形式展现出来。这样既可以检查学生的口头表达能力，又可以了解学生对词语和课文的理解程度。因此，老师应根据学生习得情况，巧妙安排活动形式，在保证兴趣教学和"学有所用"的基础上，注意能力的提高。

第四，老师睿智幽默。老师的个人魅力以及"随时准备好"（随机应变）的处事能力，对管理课堂也至关重要。如果老师上课风趣幽默，不时"语出惊人"或"妙语连珠"，使每次课都生动活泼，学生就会期待上课。因此，老师要认真对待自己的课堂，精心策划每一次课和课上的每一次活动，这样才能赢得学生的好感。

课堂活动设计的一条原则：适性与能力相称。

延伸思考

案例中老师过于追求教学过程的完美，出现表演式课堂，看不到学生发展性思维火花的迸发，其有效性显而易见。老师该如何去除公开课的表演痕迹，真正发挥出学生的潜能，提高课堂教学质量？

老师首先要深入研究教学目标，把握好了解、理解、掌握、运用等不同层次的要求。然后根据具体的教学要求，努力创设让学生自主探究学习的平台，或引发讨论，或组织活动，再加上老师之前的精讲导学，才能有效促进学生知识、能力的生成与发展。

如何有效地安排操练，使汉语课堂既不沉闷又不失控，是汉语老师需要深入探讨的问题。具有趣味性与挑战性的课堂活动能营造活泼的互动气场，提高学生的开口率，同时也能提高学生课堂的注意力。这样一来，整个课堂教学才能环环相扣，每个学生都能精神饱满地参与到活动中，在快乐中学习，在快乐中体验，在快乐中成长。

所以，如何根据学生年龄特点以及学习主题，设计具有创新性和挑战性的课堂活动，是当代汉语老师面临的巨大考验。而如何找回学生的注意力，更是教学现场时时刻刻老师们要面对的挑战。

参考资料

1. （美）布洛瑟姆·S.尼斯曼. 课堂管理的第一本书（第三版）[M]. 上海：上海教育出版社，2018.
2. （日）佐藤学. 教师的挑战：宁静的课堂革命[M]. 上海：华东师范大学出版社，2012.
3. 浅谈如何抓住学生的注意力. (2013-10-21)[2016-09-09].http://zhidao.baidu.com/question/552010683184771652.html.
4. 这样做，抓住学生的注意力. (2015-09-17)[2016-09-09].http://www.weibo.com/p/1001603888010776214227?from=page_100106_profile&wvr=6&mod=wenzhangmod.

专家点评

该案例分析了一个秩序混乱、严重失控、老师无教学生无学的失败课堂。其实，在西方国家教过国际汉语的人很多都有过这种经历。相当一批优秀老师就是从这个基础上成长起来的，个中苦乐只有自己知道。把这样一个案例付诸文字，极有价值。

案例的“课后分析/解决方案”提出四点，其中第四点最令人深思，即老师的个人魅力以及随机应变的处事能力。这第四点提到了整个国际汉语教学中最关键的因素——老师，教材、大纲、环境等都在其次。有了好的老师，足以点石成金。而老师的关键是素质。中英文语言能力都可以在几年内得以提高，但素质培养是百年树人的大计，而纵观汗牛充栋的国际汉语老师培训课程，素质培养恰恰是最薄弱的环节。

中小学国际汉语老师的素质更为重要。学生、家长们常常会评价老师聪明不聪明，人酷不酷，上课是否有趣，是否敬业，能否真正地关心学生。这些都是素质问题。有才智、善于学习、性格好、善良、公正、无私敬业的人上岗以后，即使没有好课本、好大纲，成为出色老师也是指日可待。

案例35 如何让害羞的芬兰学生做自我介绍？

王海霞

教学地点 芬兰赫尔辛基

教学对象 （1）年级：大学

（2）国籍：芬兰

（3）第一语言：芬兰语

教学任务 （1）学生能够完成自我介绍。

（2）学生能够针对其他同学的自我介绍回答问题。

案例正文

今天是我的第一堂课。在我设计的教案中，有一个活动是让学生做自我介绍，然后我会根据某个学生自我介绍的内容提一些问题，让其他学生回答，避免学生们介绍完自己后就不专心听其他同学说话了。

这个活动我预计会持续至少五分钟，因为班上有十个学生，每人平均三十秒就需要五分钟，而我介绍规则和提问的时间也至少需要两分钟。可是没想到这个活动两分多钟就结束了。

班上学生都是芬兰人，开口说话的时候脸非常红，开口之前要思考五六秒钟，然后只介绍自己的名字。我试图让其中一个学生多说一些，于是问他："你是学生吗？"他只回答："是。"然后就不说话了。几乎每个学生都是一样的情况，导致我在最后的提问环节也只能问"谁是学生？""谁不是学生？"这样的问题。

正式上课的时候也是如此。讲到一个语言点的时候，我喜欢提一个问题，让学生运用新学的知识回答。比如学到"点(o' clock)"，我会问"现在几点？""你几点起床？"等。可是我发现我提问的时候，下面一片寂静，没有人回答我的问题。我不得不自问自答，气氛非常尴尬，无法让学生充分练习这些语言点。

课后分析 / 解决方案

“好的开始是成功的一半”，讲好第一堂课是非常重要的。我们在初次进入课堂之前，需要对学生的性格特征、学习特点等有一个大致的了解，了解得越详细越有利于课程的开展。如果阅读一些介绍芬兰和芬兰人的书籍，我们就会发现，芬兰人不喜欢当众讲话，追求完美，害怕出错，内敛害羞。了解到这些性格特点后，在设计课堂活动和练习时，就需要适当减少让学生当众发言之类的活动。至少在学期之初，学生之间还不太了解时，需要避免这样的设计。芬兰学生是比较慢热的，可以根据学生相处的情况，在开学一个月左右后，适当安排这类活动。

那么，该如何做好“自我介绍”环节呢？我们需要不断探索适合该国学生特点的课堂活动，不断总结经验。首先，课堂是一个“静”与“动”的结合，学生要有安静聆听的时刻，也要有开口说话的时刻。在师生互动时，老师需要耐心地等待，多引导学生。芬兰人在当众讲话前，都习惯在头脑里把要说的话先过一遍，然后才会说出口，否则没有安全感。老师需要给他们“准备”的时间，不要轻易打断他们讲话。其实在头脑中先“预习”所说的话，也是一种学习，所以老师不应觉得这是在浪费时间。

其次，针对芬兰人不喜欢当众讲话这一特点，我们可以多设计一对一或小组活动。在小组内或者和同伴在一起时，学生就自在多了。比如“自我介绍”这一环节，我们可以让学生多走动，询问同学的名字并写下来，看一分钟以内谁问到的名字多，然后老师再问某一个学生的名字，由知道的学生一起回答，这样就能避免学生一个人当众讲话的尴尬了。如果还想了解学生更多个人情况，可以提供一些选项，让学生去找符合相关特征的人。例如：

1. ________________ 喜欢钓鱼（xǐhuan diào yú）。
2. ________________ 会骑摩托车（huì qí mótuōchē）。
3. ________________ 有两个孩子（yǒu liǎng ge háizi）。
4. ________________ 有兄弟姐妹（yǒu xiōngdì-jiěmèi）。
5. ________________ 去过中国很多次（qùguo Zhōngguó hěnduō cì）。
6. ________________ 会说英语、瑞典语和芬兰语（huì shuō Yīngyǔ、Ruìdiǎn yǔ hé Fēnlán yǔ）。
7. ________________ 去过十几个国家旅行（qùguo shí jǐ ge guójiā lǚxíng）。
8. ________________ 手机里有微信（shǒujī li yǒu Wēixìn）。
9. ________________ 吃过饺子（chīguo jiǎozi）。
10. ________________ 家里有猫（jiā li yǒu māo）。
11. ________________ 喜欢中国的啤酒（xǐhuan Zhōngguó de píjiǔ）。

让芬兰学生以一对一或小组活动的形式进行自我介绍，能够化解他们独自当众说话的尴尬。

老师可以再多制定一些规则，例如一个学生的名字最多只能填写一次，这样可以让学生询问更多的同学。在这个活动结束后，老师再询问“谁喜欢钓鱼？”等问题时，因为有了之前的相互了解，可以回答的学生会比较多，能够避免让学生独自发言。而且全班每一个学生都有一对一询问的机会，可以快速加深学生之间的了解，让学生很快熟络起来，同时也练习了汉语口语。

在以后教学中，如果芬兰学生不愿意当众回答问题，我们可以把问题提前写在练习纸上，让学生和自己的同伴互相问答，老师负责从旁监督，回答没有太多问题了，再鼓励学生发言，这样既让学生练习了口语，达到教学目的，又让学生慢慢接受新的上课方式，培养他们自我表达能力和积极参与的热情。

延伸思考

在教授芬兰大学生汉语时，很多适用于小孩子的游戏，像找朋友、画汉字等，在课堂上并不合适。成年人的课堂活动还是要有一定的意义，要切实练习到语言能力，不能为了活动而活动。此外，很多适用于美国或者南欧的课堂活动也不能照搬过来。

不同国家或地区的学生性格特点不一样，作为汉语老师，备课的第一阶段就是要“备学生”。对学生的名字、职业、性格等背景了解得越多，越有利于老师对课堂上所发生的事情做出准确的预测和灵活的处理，保证教学活动顺利开展。

参考资料

1. 丁安琪. 我的课堂活动设计笔记：话题功能篇[M]. 北京：高等教育出版社，2012.
2. Adriennel Herell, Michael Jordan, 50 Strategies for Teaching English Language Learners (3rd Edition) [M]. Englewod Cliffs: Prentice Hall, 2007.
3. Karoliina Korhonen, Finnish Nightmares [M]. Finland: Atena, 2016.

专家点评

该案例中的两个做法让人感到欣慰。第一，作者想尽办法利用课堂时间，为每个学生创造说话的机会，而不是拘泥于传统的轮流提问或集体回答。案例中采用的一对一和小组活动能够大大提高课堂上的目标语言密度，增强学习效果。第二，作者“备学生”的做法非常符合现代教学理念，即预先了解学习者的各种情况，文化背景、学习经历、学习动机、学习模式、性格特点等，然后再决定内容和教法，颇有建构主义和反向设计的味道。

案例中充满了教学创意。动、静结合，寻找特征，口笔兼用等，都是为了增加学生使用目标语言的机会，同时避免面向全班说话的尴尬和低效。作者显然常常组织一对一的活动，其实外语课上何尝不可以让学生跟自己或者假想的人物对话？

大学生上汉语课通常都是自己选修的，如何利用他们比较强的学习动力，应该是一个有趣和实用的研究课题，期待有更深入的探讨。

案例36 “问路”中的5C原则

胡　晓

教学地点 中国成都

教学对象 （1）年级：成人初级班

（2）国籍：美国、加拿大、英国、意大利、韩国和日本

（3）第一语言：多为英语

教学任务 （1）学生在校园里通过问路的形式找到老师设计的目的地。

（2）学生根据问路的情况绘制地图，并描述路线。

案例正文

学过“问路”这个主题后，我发现学生在真实生活中遇到类似场景，大多会采取回避策略，例如只会问“××在哪儿”，但不能完全理解对方的回答；在回答别人时，只会以简单的方位词“东、南、西、北”等代替功能性的方位词短语“（往）左拐、走到底……”。而老师在教学时，仅使用地图等工具，学生只是纸上谈兵地做指图练习，得不到充分而有效的练习。也有老师把“问路”布置为课后作业，但在导航软件如此发达的今天，如何监督学生完成任务的过程成了一个问题。

据此，我重新设计了完成生词、语法、课文后的课堂活动，具体如下：

1. 指定校园里某处鲜为人知的建筑物作为目的地；

2. 将学生分为几组，要求学生同时从教室出发，通过“问路”寻找目的地，比赛看谁最快到达，检查的方式是要求学生自拍与建筑物的合影，发到班级微信群里；

3. 列出完成任务需要使用的生词和句型，问路前要说明自己是正在学习汉语的留学生，必须使用汉语，如果遇到自愿带路的中国人，应果断拒绝；

4. 整个活动中最好能保证每组有一个监督员；

5. 完成任务后，各小组集体讨论，并以小组为单位，完成从教室到目的地的地图绘制；

6．小组代表做报告，主要内容包括从教室到目的地的线路阐述、遇到的问题和解决的方法等，可自愿选择是否用PPT；

7．老师总结和评价这次活动。

课后分析 / 解决方案

课堂活动作为教学环节的一个重要部分，直接影响着教学效果。有效的课堂活动可以激发学生的学习兴趣，提高教学效率。课堂活动的每一步都体现了老师的教学意图：

1．把目的地设为校园内相对陌生的建筑物，一方面是出于安全的考虑，另一方面可以有效避免学生借助手机地图等工具完成任务；

2．使用微信，是为了充分利用新媒体，激发学生的学习兴趣；

3．在学生进行任务前预测他们在实际交际中可能会用上的生词和句型，然后以课堂内容为基础，做适当的补充和扩展，同时考虑学生的汉语水平和接受程度，知识点不宜过多，预估进行任务时可能出现的问题（如被问路的人会主动说英语或者带路），并提出解决方案；

4．为尽量确保每个学生都有机会开口说话，设立监督员一职；

5．各小组集体讨论并绘制地图，再由小组代表描述地图内容，集体讨论可以鼓励大部分的学生积极参与，个体展示可以促进学生间的良性竞争；

6．老师的总结和评价可以作为整个任务的结束，适当的奖励可以激发学生继续学习的动力。

延伸思考

该课堂任务在我的实际教学中已经实施了几年，学生反馈良好，我也在每一次的实践中不断总结和改进。事实上在学生到达目的地以后还有很多延伸活动可以开展，例如老师在目的地等待所有学生到齐以后，口头描述一个通往新的目的地的路线。新的目的地可以是一个博物馆（我们大学里就有博物馆），把参观博物馆与“问路”这一功能性话题结合起来，将文化教学自觉融入到语言教学中，充分体现了美国外语教学协会（American Council on the Teaching of Foreign Languages）的5C教学原则。“问路”的任务型教学与5C原则对应如下：

1．交际（Communication）：在问路过程中，小组成员之间、小组成员与路人之间都有大量交流。任务后的展示部分需要集体讨论作为铺垫，体现了交际互动的原则。

2．文化（Cultures）：各小组成员来自不同的文化背景，体现出不同的性格和行为特征。学生问路时主动或被动的态度，以及路人面对外国人时的动作、反应、态度等，都体现了跨文化交际的内涵。

3．关联（Connections）：问路作为实践任务，不但锻炼了学生的汉语表达能力，还与数学、地理等知识衔接，体现了贯通的原则。

4. 比较（Comparison）：学生在任务过程中通过比较母国文化与中国文化的差异等，对中国有进一步的了解，深刻诠释了“比较”在外语教学中的重要作用。

5. 社区（Communities）：学生以小组形式参与任务，各自发挥作用，把书本上学到的汉语知识运用到真实的交际场景中，相当于在一个社区中操练了汉语，遵循了“全球社区”的教学原则。

这个课堂活动将课本知识内化成学生的语言能力，大部分学生在课后可以自觉地使用“问路”的相关词汇和句型，顺利完成日常沟通。

参考资料

1. 徐子亮. 汉语作为外语的学习研究：认知模式与策略[M]. 北京：北京大学出版社，2010.
2. 周小兵，朱其智. 对外汉语教学习得研究[M]. 北京：北京大学出版社，2006.

专家点评

该案例老师准确地指出了国际学生在学习“问路”这个主题常常遇到的问题，并且设计了相应的实践活动，恰到好处地让学生将语言知识应用到现实生活当中，真正做到了活学活用。案例设计的活动目标明确，安排合理，准备了适当的辅助材料，同时提出一些具体要求。最后对完成任务的呈现方式也有明确的描述，让学生可以有效完成任务。值得一提的是老师充分利用科技给我们带来的方便，允许学生使用新媒体，但是也规避现代科技可能带来的干扰，让学生在校内寻找某些地方，因而用不上手机地图，这是一个非常聪明而巧妙的安排。

最后在“延伸思考”中，老师把这个案例与美国外语教学协会提出的5C教学原则相结合，特别是延展到“社区”，让第二语言进入生活实际交际场景中，成为一个沟通工具，充分达到第二语言学习的目的。

案例37 单曲循环演唱会

张 张

教学地点 新西兰内皮尔

教学对象 （1）年级：中学七、八年级

（2）国籍：新西兰

（3）第一语言：英语

教学任务 （1）学生学唱中文歌曲，例如《找朋友》和《祝你生日快乐》。

（2）学生通过学唱中文歌曲掌握简单的汉语表达。

案例正文

为了提高学生学习中文的兴趣，我打算教一首中文歌——《找朋友》。课堂设计如下：第一环节，8分钟讲解歌词意思、看视频材料，10分钟左右跟唱练习；第二环节，20分钟左右学生们找朋友练习歌曲。

第一环节中，我一句一句向学生讲解歌词的意思，让他们看视频听歌曲。可是听了四遍，学生们依旧一脸茫然，一句都唱不出来。跟唱练习时，有的学生跟不上节奏就转头和其他人说话，有的一直默不作声，但看到有意思的地方却哈哈大笑起来，整体比较嘈杂。于是我把视频调成配乐，走到学生中间，一边唱“敬个礼，握握手”，一边做相关动作和学生握手，想通过简单的舞蹈动作带动他们学唱。可是学生大多只是觉得好玩才配合我做动作，并没有开口唱歌。即便是开口唱也是很小声，总是害怕自己会唱错。

到了第二环节，我允许学生们在教室里随意走动，找小伙伴练习唱歌，可还是出现了同样的问题。学生很喜欢做动作，每次和小伙伴握手或敬礼时都哈哈大笑，笑着笑着就忘了该怎么唱，或者唱歌时还是很小声，听不到唱了什么，只有一两个跟得上节奏的学生唱得很开心。最后，课堂变得状况百出，我只好让学生都坐下来，多放几遍视频让他们看，继续模仿跟唱直到下课。看到这样的场景，我感觉非常受挫，便开始了反思。

课后分析 / 解决方案

我每周要教十八个班。在教了三个班后，发现学生的整体情况都差不多，只喜欢动作，唱不出歌曲。我向这三个班的负责老师（和学生一起听我上课的老师）请教，想找出问题出在哪里。反馈中有一个共同问题就是这首歌曲节奏太快，对于初学者来说是个很大的挑战。此外，我也问了学生对学习这首歌有什么看法。大多数学生指出，短句子结合动作来唱简单、易记、有趣，但是另外三个长句子和词语太陌生，没有动作又有些复杂，所以比较难学。然后我自己分析了一下：学生们只学过“你好、你叫什么、我叫某某、早上好、下午好、晚上好”等简单问候语，要在一节课40分钟里学习《找朋友》中的“找朋友、敬个礼、握握手、好朋友”四个新短语和“找到一个好朋友”一个新的长句子，对于汉语零基础的他们来说的确很难！

于是我把所有适合初学者的歌曲名单全部列出来：《世上只有妈妈好》《一闪一闪亮晶晶》《祝你生日快乐》《两只老虎》《新年好》……打算换首歌教，希望能选出一首真正适合学生们的歌曲。经过思考，我决定选教《祝你生日快乐》。这首歌节奏缓慢，歌词简单，对初学者来说难度不大。

给第四个班的学生上课时，我的课程安排根据实际情况有所改变。这节课仍然分为两个环节进行，我先问学生：“假如今天是我的生日，你们会对我说什么？”学生们叽叽喳喳地说：“Happy Birthday！”然后大家不由自主地唱起了英文版生日快乐歌。唱完后，我对学生说，我非常喜欢你们的歌，可是还没有听够，还想听你们唱中文版的生日快乐歌。于是，我用提前准备好的视频让学生听一遍中文版生日快乐歌，然后逐字带他们读歌词“祝—你—生—日—快—乐”并讲解意思，再进行跟唱练习。

为了避免跟唱练习太枯燥乏味，我将全班分成三组比赛合唱，由我来打分，这一环节共计15分钟左右。这次学生表现得非常好，因为中英曲调是一样的，而且歌词就是一句话，唱上好几遍也就记住了。最重要的一点是，学生觉得这首歌特别实用有意义，有的学生听过之后立马举手说：“太好了！今天是我朋友生日，我要唱给她听。”我让学生们拿笔、固体胶、尺子之类的东西当话筒，告诉他们，你们就是舞台上的超级歌星。全班一下子特别兴奋，放声高歌，极其投入，甚至有学生假装抱着吉他在开演唱会。随之进行的三组竞赛也激发了学生唱歌的激情，大家都想做最棒的，谁得第二名都不服气，不断请求老师再来一场比赛。通过第二环节的跟唱、竞赛，学生都记住了歌词并能完整地唱出来。

第二环节计时20分钟左右，玩抢凳子游戏，规则是谁唱得越响亮就越有机会玩游戏。全班三十个人，每次只有六个人可以参加游戏，但是大家都想玩，所以都唱得非常卖力。进行两到三轮抢凳子游戏后，学生已经能非常流利地唱出生日快乐歌了。他们变得非常自信，很开心，我也有种成就感。

延伸思考

我所在的学校非常注重学生的体育锻炼，每天至少一节体育课，还时不时来场橄榄球比赛或者排球比赛等等。几节课下来，我发现我所带的学生普遍好动，所以教他们中文时采用让他们动起来的教学方式更容易被接受。比如在教体育项目的词汇时，我让学生分两组，学习“拔河”，就一边拔河一边念“拔河”；学习“跳远”，就一边跳远一边念“跳远”。他们都积极参加，学习效果也很好。

学生好动、爱表演，让他们“开演唱会”能促进学习。

因此，教《祝你生日快乐》时，我增加了拿身边物品当话筒这一动作，让他们有“我是明星，我正在开演唱会”的感觉，还增加了抢凳子游戏环节，让他们动起来，这样做更符合他们的学习习惯。另外，这节课上有个男孩假装抱吉他唱得太投入，以至于别人都唱完了他还在唱。从中我想到一个新办法教中文歌——请不同的“歌星”或“组合”自编舞蹈表演唱歌，由我来录视频，再让其他班级欣赏。学生知道自己要表演给别人看了，都该安静时安静，该唱歌时一点儿也不含糊。所以说，我在教学生的同时，也在向他们学习。了解学生的学习特点，才能找到更适合他们的教学方法。

参考资料

崔永华，杨寄洲. 对外汉语课堂教学技巧[M]. 北京：北京语言大学出版社，1997.

专家点评

此案例老师改变教学方法后，最后总结成功有两个方面原因：第一，选择《祝你生日快乐》这首歌，因为有学生们熟悉的曲调，同时歌词也不断重复；第二，学习这首歌的目的是录制歌曲教学视频，因而大大提高了学生们学习歌曲的动力。在西方教育界人们常常提到“学习金字塔”（The Learning Pyramid），其中学生学习掌握率最高的方式就是“教他人”，可以达到百分之九十。

另外，案例老师忽略了一个重点，就是根据学生年龄层次的不同，找到适合他们的学习材料。在西方，七八年级的孩子通常处于一个尴尬的年龄阶段，他们处于大小孩与小小孩之间，如果教他们儿歌，他们会敏感地认为别人把他们当孩子看，过于幼稚，而不愿接受，所以学习的积极性不高。在海外中学生接受度较高的歌曲有民歌《茉莉花》，流行歌曲《对不起，我的中文不好》《老鼠爱大米》《对面的女孩看过来》等，这些流行歌曲朗朗上口，歌词内容简单幽默，非常适合中学生。

案例38 以课程设计推动差异化教学

王晓燕

教学地点 新加坡

教学对象 （1）年级：中学十年级

（2）国籍：英国、澳大利亚和马来西亚等

（3）第一语言：英语

教学任务 根据IB MYP4语言习得的要求，设计教学内容与评估方式，以进行差异化教学。

案例正文

我们学校十年级（IB MYP4）第二和第三阶段的学生已经学了两三年的中文，听、说、读、写都有了一些基础，但由于学生的学习能力不同、学习主动性不同，还有一些其他客观原因，他们的语言能力出现了分化。有些学生学习中文比较困难，失去了学习中文的兴趣和动力，甚至产生了放弃学习的念头。

如果能把这些学生与其他语言能力较强的学生进行分班，教学效果应该会比较好。但是由于学校目前没有条件分班，我们只能以差异化教学满足不同学生的学习要求。为了能更好地推动差异化教学，特别是帮助语言能力较弱的这组学生，我们设法在课程设计上下功夫。这篇案例就以“休闲活动”这个单元为例加以说明。

我们学校的课程是根据IB MYP语言习得的要求进行设计的。在语言习得的框架下，我们自行设计教学内容和评估方式。考虑到学生现在在业余时间大量使用社交网站、听音乐、看电影、玩游戏等，所以锁定电脑、手机、网络作为这一单元的话题。话题定下来之后，本次教学计划的全球背景就以“科学与技术的创新”为主题，具体内容就是网络对人类的影响。这一单元的重大概念是“联系”，主要探讨人与人之间的沟通和交流；相关概念是“观点”，希望学生对网络使用提出不同的观点和看法；要探究的问题是学生上网做什么（事实性）、如何合理地使用网络（概念性）以及网络拉近还是疏远人与人之间的距离（辩论性）。

在了解了学生已有的知识情况后，首先，我们以口语对话切入，询问学生有关电脑的使用情况，然后介绍相关的词汇、句型。由于话题是学生熟悉的、感兴趣的，他们的学习积极性很高，也很投入。低阶段学生学习的词汇、句型比较简单，高阶段学生则在此基础上扩展，学习更多的词汇与较复杂的句型。接下来，我们找到同时适合这两个阶段学生学习的阅读篇章，让学生做阅读理解，从而达到书面的语言输入。

有了语言输入之后，我们让学生设计一个问卷，调查同年级学生的电脑使用情况。参与调查的学生包括学习中文的同班和不同班同学，还包括不学中文的其他同学。所以问卷是用中英文设计的，方便不学中文的学生回答。处于低学习阶段的学生设计的问题相对比较简单，也比较少。但是，他们能够根据自己的语言能力设计问题，有自主权，也颇有成就感。最后，根据问卷调查的结果，学生必须写出一个简短的调查报告。问卷调查的设计和调查报告是一个形成性评估。学生根据自己的学习水平和学习能力设计问卷，写出调查报告，这样每个学生都能达到自己的目标。

这个单元的总结性评估我们设计了两个，一个是口头互动，另一个是阅读任务。口头互动任务并不难设计，有关网络的使用、网络的利与弊、如何合理使用网络以及网络拉近还是疏远人与人之间的距离这些话题都可以设计成以角色扮演、采访或辩论的形式进行。比较有意思的是阅读任务，我们根据学生的调查报告，改编出适合低阶段学生阅读的图文材料，另外再为高阶段学生设计一篇阅读文章。

课后分析 / 解决方案

如何有效地进行课堂的差异化教学是困扰很多老师的难题。国际学校中文老师的教学任务比较重，工作量比较大，有些学生学习能力不强，这些都是导致差异化教学实施起来比较困难的原因。

设计课程时，必须考虑学习的主题、语言难度及学习内容的相关性，且内容必须是递进的，也必须考虑学生的年龄、学习兴趣和语言程度。针对MYP4第二和第三阶段水平的学生而设计的“休闲活动”单元课程得到了学生积极的回应，学生在学习上有很大的自主性，使差异化教学有了良好的基础，无论是高阶段学生还是低阶段学生，学习过程都比较愉快。有了好的课程设计，老师在课堂上能够更加游刃有余地因材施教，更有效地帮助每个学生提高语言能力，当然在课程准备上不可避免地要多费时间和精力。不过，好的教学效果是对老师的付出最好的回报，一切辛苦都是值得的。

一般来说，在单元课程设计中，我们应该先设计好总结性评估，再来设计教学任务，这样教学目标就会很明确。不过，这个单元的阅读总结性评估一开始并没设计好，但在学生的调查报告中获得了灵感，针对低阶段学生设计了一篇阅读文章，再另外为高阶段学生量身定做了一篇文章。由于老师前期为学生的阅读总结性评估做了充分的准备，学生们大都较好地完成了这个评估。可以说，教学任务有效地衔接了总结性评估。总之，这个课程的设计应该说是比较成功的，我们对这个单元课程的设计很满意。

延伸思考

好的单元课程设计能帮助老师更好地进行差异化教学，这么做既保证学习能力强的学生的学习效果，又能让那些学习能力弱的学生重拾信心，重新激发他们对汉语学习的兴趣。总之，好的课程设计能够使不同学习能力的学生都各有所得，从而达到最有效的学习效果。在设计单元课程的时候，首先要想清楚教什么，想让学生学会什么，然后把要学习的内容放在“全球背景”下，思考需理解的“重大概念”和“相对概念”，和学生一起确定要探究的问题，再来确定课程内容（教什么和怎么教），最后是设计总结性评估。总结性评估和课程内容可以进行适当调整，保证学习与评估的顺利进行。

参考资料

IB MYP 语言习得指南（2018年9月或2019年1月启用）

专家点评

案例作者面对的是一个极为复杂的情况：班上学生参差不齐，采用国际文凭中学项目课程，自由度高但可用内容少，老师的文字工作繁多，又要考虑到衔接大学预科这个完全不同的课程。教过中学项目的老师都会深有体会。至于汉语程度差异极大的教学班，肯定也是一个常见的百花园。虽说百花争艳，但里面总会有万千羞涩、拒不开花的植株。作者为这样的班级设计了差异化教学方案，是不得已而为之，还是勇敢的探索，大概两者兼而有之。然而作者通过认真操作，积极应变，最后达到了单元设计目标，应该说是一个成功的尝试。

单元的选题、教学设计以及形成性和总结性评估的设计都很到位。案例老师的最大困难和最大成果都是处理差异大的混班教学。高低水平语言输入材料互用是个好办法，当然也有稍许不得已而为之的感觉。

作者可以进一步思考：如何取消中文语料里面的英文？采用什么方法可以减少同班学生的原始差距？

案例39 运用直接法，预设情境，汉语教学更生动

潘　晨

教学地点 美国梅肯

教学对象 （1）年级：小学一年级

（2）国籍：美国

（3）第一语言：英语

教学任务 （1）学生掌握表示颜色和身体部位的词语。

（2）学生学习歌曲《颜色歌》。

案例正文

今天是周一，我所要教授的第一个班是一年级学生。在上课之前我先跟学生们打招呼，对他们说“早上好”，并要求学生回复我“早上好”，以此养成习惯。接下来是热身环节，我带领学生做动作，边做边说：“拍拍手，拍拍头，拍拍肩膀，拍拍膝盖，跺跺脚。”在此过程中，为了训练学生的听力和反应能力，我故意做错动作，如说“拍拍头”时我故意拍到了肩膀上，看有多少学生能够迅速反应过来，并及时给予表扬。在热身环节中，我和学生们复习了身体部位的词语。

接下来我带领学生复习词语“熊猫、黑色、白色”。首先我拿出了熊猫玩具，问学生还记不记得他们的老朋友“盼盼”。学生们看到熊猫都很激动，争着举手回答。我鼓励学生用中文说出“熊猫”，谁第一个说出来我就奖励一张小贴纸，随即带领学生读“熊猫”一词，边读边加上打招呼的动作，然后我让学生挨个对“盼盼”说“你好”，握握它的手或者和它拥抱。紧接着我问学生有谁记得熊猫“盼盼”的两种颜色，大部分学生都能说出是白色和黑色。

在领读完两个颜色词之后，我拿着熊猫走到每一个学生面前，我随意说“白色”或“黑色”，让学生拍熊猫相应的部位。我说的速度由慢到快，不仅复习了生词，也训练了学生的反应能力。接着用提前准备好的词卡，学习新的颜色词。词卡共有九张，正面是红色、绿色、蓝

色、黄色、紫色、橙色、黑色、白色、粉红色的颜料，背面是对应的汉语词。

在领读、齐读、单个读完这些词卡后，我们最后学习歌曲《颜色歌》。这首歌曲节奏欢快，歌词简单明了，主要的歌词就是这九个词语，很适合初学汉语的幼儿。听完两遍之后学生已经基本会唱了，他们边唱边拍手配上节奏，每个人都乐享其中。

yán sè gē
颜色歌

hóng sè　　lǜ sè　　lán sè　　huáng sè
红色　　绿色　　蓝色　　黄色
zǐ sè　　chéng sè　　hēi sè　　bái sè
紫色　　橙色　　黑色　　白色

fěn hóng sè
粉红色

课后分析 / 解决方案

热身环节“拍拍手，拍拍头，拍拍肩膀，拍拍膝盖，跺跺脚”出现的问题有：当带着学生做完一遍动作之后，很少有学生能记住身体部位的中文名称。分析原因：一是操练太少，二是学生的注意力全在跟着老师做动作。我的解决方案是将这几个身体部位单独拿出来带着学生读几遍，并纠正发音，然后设计几个小游戏。比如我说“摸摸眼睛”，并做动作，学生会跟着我一起做，以此类推。第二遍的时候速度加快，第三遍的时候我故意说错，比如我说“摸摸鼻子”，但故意将手放在眼睛上，这时观察学生的反应，看谁的反应速度快，能迅速将手放在鼻子上，做得好的就奖励小贴纸。之后告诉学生：“I was tricking on you just now. Where is 鼻子？”并做出正确的示范。此时学生往往会恍然大悟，并且能很快意识到正确的身体部位在哪里。这个游戏不仅能够训练学生的反应能力，还能使他们对学过的内容记忆深刻。通过设置情境的方法进行教学，课堂气氛很活跃。

在教学生“熊猫”这一词语时，我提前准备了一个玩具熊猫，帮助学生更好地进入一个教学情境，在和熊猫“盼盼”打招呼时，学生们都将熊猫当成了自己的朋友。

此外，学生对有节奏的歌曲很感兴趣。在教学生唱《颜色歌》的同时最好能配上节拍，有节奏地边拍边唱，能达到很好的效果。在学生学习完身体部位之后，还可以教他们唱中文歌曲《两只老虎》。这首歌很经典，教的时候配上动作，不但复习了各个身体部位，还用上了TPR教学法。在教数字“一”到“十”的时候也可用上《两只老虎》的曲调。改编如下：“一二三四，一二三四，五六七，五六七。一二三四五六七，一二三四五六七，八九十，八九十。”反复练习，学生们都很喜欢。

不断变换的情境可以吸引学生的注意力，提高教学效率。

延伸思考

对于低年级汉语初学者，直接法、情境设置法是非常有效的教学方法。美国的小学生想象力丰富，创造力强，节奏感好，爱蹦爱跳，但是上课注意力集中的时间较短，老师在课堂上要不断变换练习形式，吸引学生注意力，否则学生容易疲惫走神儿。

参考资料

1. 吕必松. 对外汉语教学研究[M]. 北京：北京语言学院出版社，1999.
2. 皮珊. 对外汉语课堂情境教学案例分析[D]. 湖南师范大学硕士学位论文，2014.
3. 钱少青. 对外汉语词语教学方法探讨[J]. 湖南工程学院学报（社会科学版），2004(2).
4. （新加坡）熊华丽. 再唱华语[M]. 新加坡：泛亚出版社，2012.
5. （新西兰）Victor Siye Bao，Sihuan Bao，John Tian. 中文游戏大本营——课堂游戏100例（上、下）北京：北京大学出版社，2010.

专家点评

幼儿园到二年级的学生年龄小，好奇心重，专注力有限，所以在一堂课可以学会的内容相当有限，这就需要老师在课堂的前一部分做很多铺垫，在重点教学时应该以不同的方式不断重复相同的内容，最后以简单的方式检测学生是否掌握了所学的知识以及应用的技巧。因此，在这堂课中，老师应该集中在某一个主题上，例如颜色或某些身体部位，而不应该心急地加入过量的教学内容，学生们不能一次掌握这么多，容易造成消化不良，从而引起反作用，例如认为中文太难学，而产生抵制情绪。

选定好主题后，要确定学习的关键词和句式，切记不要贪多。之后设计的所有课堂活动都是围绕这些关键词和句式，包括歌曲、游戏、情景对话等。关键词和句式在这些活动中反复出现，让学生对这些词汇和句式不再有陌生感，学生们逐渐树立信心后，愿意应用在他们的生活中，以及向家长和其他成年人分享汉语课堂的学习经历。

案例40 “任务型”口语测试

何 静

教学地点 新加坡

教学对象 （1）年级：中学七、八年级

（2）国籍：韩国

（3）第一语言：韩语

教学任务 （1）学生分组制定、完成口语任务，任务时要拍摄视频。

（2）学生和老师一起观看其他组的视频，并进行评分。

案例正文

学校每次期中或期末考试，听、说、读、写四个要素都要求考查到，还要参考新HSK考试试题的样式。看上去，每次的考试都是比较全面的，能很好地评估学生的知识水平。但是孩子们考前和考后的反应，却让人对这种常规考试的成效感到困惑。

以口语测试为例，这项测试的题目分为两种形式：朗读句子和看图说话。朗读的句子基本上从所学的课文中摘选，共二十个左右，由老师任意选取其中的五六句让学生读；看图说话则是让学生说出图片中的内容，起码要能说出六个完整的句子。每次听学生们读句子，发音基本标准，漏字、加字的学生很少，但做到轻重音、停顿、充满感情的则几乎没有。还有看图说话，学生们绞尽脑汁，只能挤出一两句刻板而单调的句子，一点儿都感受不到语言的丰富和孩子们的自信。由此可见，这种考试的题型和内容根本起不到评估的作用。既然口语测试的最终目的是为了考察学生对所学语言知识的运用，那可不可以转换成“实战”呢?

于是我尝试改变了考试的形式，以任务型教学法为蓝本，用完成任务的方式来对学生进行评估。初中生已经具备一定的学习能力，能够自行选择和设计任务的目标、内容、流程等。因此，我让学生们先自由分组，然后根据我们共同在黑板上列出的语言知识点，制定自己的考试题目。

我布置完任务后，学生们先是震惊，接着便热情高涨，很快便分成了几组，然后拿出课本，选择任务方向，商量考核题目，再逐词逐句编写任务蓝本。而我则在一旁提醒他们实际交际时有可能发生的各种情况，并对突发情况进行补充，以帮助他们做好充分的准备。

下面就是其中一组学生制定的任务：

考题：去水果店买两种水果

要求：1. 两人一组，任选一家水果店，使用汉语完成买水果的任务。
2. 一个人买水果，一个人录像，然后交换。
3. 将录像作为试卷呈交，老师和同学们一起评分。
4. 任务进行时不能使用除汉语外其他语言，否则将扣分。

后来，学生呈交上来的录像真是让人很意外。内容形式多样，有去麦当劳的，有去超市的，有在大街上问路的，还有约华人朋友看电影打球的，几乎把所学的单元都用上了。我和他们一起看录像评分时，他们也是积极参与，客观评价。尽管如此，录像也显示了学生在实际交际中选择使用的句型较为单一，用词也尽量简单，更像是重造了一个交际环境。

课后分析 / 解决方案

任务型教学法有六个要素：目标、内容、程序、输入材料、老师和学习者的角色以及情景。由于目标是评估本学段所学的语言知识点，所以任务的内容必然是所学的语言知识点。我帮学生将上述知识点一一罗列，同时也起到了复习的作用。

我认为这个新尝试的效果还是不错的。首先，学生们不再是被动地根据老师准备的资料去记忆，而是自主地复习所学的知识。其次，学生在编写蓝本的时候，不仅锻炼了写作的能力，还进行了模拟场景训练。而后进行任务的时候，不仅锻炼了听说能力，还锻炼了会话中的应变能力。而且在交际顺利完成后，学生学习汉语的兴趣和使用汉语的自信都提高了。

但是，这次测评的不足之处也很明显。一个好的语言测评既要有信度和效度，也要有难易度和区分度，还要做到标准化。而我尝试的这种测评，在这几点上都有欠缺。首先，学生们选择了自己的方向后，对于其他单元的知识复习就忽略了，效度上就有不足。其次，因为是小组活动，第一个人完成任务后，下一个人基本上就是重复。而且由于学生们是自行完成任务，可能会寻求他人的帮助。上述问题都会影响测试的信度。最后，由于是学生自己选择测试的题目和内容，所以学生可以规避自己的弱项。因此，该测评的难易度和区分度也不明显。

延伸思考

任务型教学是一种语言输出型的教学模式，它侧重培养学生的口头交际能力。但是，没有语言输入，也就谈不上语言输出，所以任务前阶段至关重要。在这一阶段，老师应与学生一起讨论话题，着重介绍将要学习的词汇、语法点、背景知识，并帮助学生理解任务指令，为执行任务做准备。

口语测试和任务型教学的相同之处，在于两者都是语言的输出，同时也是对所学语言知识的测评，而语言知识是语言输入的来源，所以语言知识掌握的好坏也就决定了测评的结果。

基于任务型教学法的口语测评，也涵盖了任务型教学法的的三个环节和六个要素。但测试评估的目的是对一学期所学内容的考察，所以原本在任务型教学法中起决定性作用的“前任务”，即课前导入这一环节的重要性降低了，仅仅是对所学内容的梳理和复习，而重点则集中在了“任务”和“后任务”两个环节。

学生进行考试就是教学法中的“任务环”。由于任务是由学生自行设计和完成，学生的大脑始终处于激活状态，从被动应考转为了主动参与，而且小组讨论还给学生增加了额外的口语练习。特别是真实的场景，更让学生在测评的同时，体会和参与了实际的交际，增加了语言使用的经验和自信。

至于考试后老师单方面的评估，变成了老师和学生一起评估。学生不但对各组执行任务的情况进行了分析，共享了实际交际时的经验，还在老师的点评下，再次对学期内容进行复习，加强了语言难点的巩固学习。

语言测评按照测试用途主要分为成绩测试和能力测试。成绩测试是对所学的单元知识进行测试，而能力测试则是对所掌握的语言能力进行测试。基于任务型教学法的测评将成绩测试和能力测试结合在一起，是一种新的尝试。但是衡量一个测评质量的基本标准包含了测试的信度、效度、难易度和区分度。如何改进，让这个评估方式更完善，还需要更多二语老师和语言教学专家提出建议。

参考资料

1. 刘珣. 对外汉语教育学引论[M]. 北京：北京语言大学出版社，2016.
2. （新西兰）罗德·埃利斯. 任务型教学法新理念与国际汉语教学[M]. 北京：外语教学与研究出版社，2016.
3. 王佶旻. 语言测试概论[M]. 北京：北京语言大学出版社，2011.
4. 赵金铭. 对外汉语教学概论[M]. 北京：商务印书馆，2004.

专家点评

在汉语课堂上，“任务型教学法”是个极为流行的概念和做法。该案例堪称任务型测评的一个典型，其特点有二：一是学生自己设计任务，把学习的主动权交给学生；二是注重语用实践，不拘泥于一词一字。

作者也分析了这个任务型方法的不足之处。首先是学生自选测评题目，范围比较狭窄，容易忽略其他学过的单元。这不应该是个大问题。作为外语学习者，本来也不可能像使用母语那样对所有的题目都能交流自如，信手拈来，所以扬长避短是可以接受的。如果一定要全面考核，可以考虑在自定题目之外加考少量必选项目。其次，学生重复他人的内容，寻求他人帮助，对测试信度的影响也许没有那么严重。外语卡壳时寻求帮助是顺理成章的事。会求助也是交际能力的必要组成部分，但求助过多势必影响实际表现。至于重复问题，可以在评估标准中加入“创新和独特”一项。最后提到的难易度和区分度，只要评估标准清晰明了，执行得当，应该不失公允。

该案例中老师和学生一起观看测评录像来评分是个好办法，一来学生可以学习他人、反思自己，二来可以节省老师的时间，同时提高公平程度。

案例41 通过舞狮活动探究声音的作用

陈雪寒

教学地点 新加坡

教学对象 （1）年级：幼儿园

（2）国籍：英国、中国、印度、法国和韩国

（3）第一语言：多为英语

教学任务 （1）学生通过实践探究声音的功能和作用。

（2）学生掌握“大、小、快、慢、跑、跳”等词语。

案例正文

在华人新年来临之际，全班的小朋友和老师一起商量怎么庆祝。这是宣传中国文化最好的时机，除了剪纸、灯笼、中国画及春联之外，我们还决定要舞狮。中国民俗传统，认为舞狮可以驱邪辟鬼。故在喜庆节日里，中国人就喜欢敲锣打鼓，舞狮助庆。新加坡、马来西亚等东南亚国家华人较多，很多中国城保留了这项文化活动。舞狮者在锣鼓音乐下，装扮成狮子的样子，做出狮子的各种形态和动作。通常这一活动给人的印象应该是连接跨学科主题“如何表达自己”的，而我们本单元主题是“光和声音”，如何用上舞狮表演呢？于是我们先从网上看了舞狮表演视频，从中找出“大、小、快、慢、跑、跳”等关键词，确定活动主题放在对乐器的练习和对声音的作用的探究上。

在活动中，我们带领孩子们认识了传统的打击乐器——锣、鼓、钹，也探究了不同的打击方法。孩子们通过观察、聆听、练习后发现：不同的乐器可以发出不同的声音；不同的声音会让狮子有不同的动作和神态。这个过程不但让学生们爱上了中国传统的舞狮表演，了解了声音的不同形式和功能，而且还培养了他们的观察和探究技能。

我们还学习了一些与舞狮相关的中文词语，如“舞狮、打鼓、光、声音、大声、小声、跳、走、跑、听”等，用中文指令指挥动作练习，使他们在活动中自然习得语言知识。

课后分析 / 解决方案

通过这次大胆尝试，我们收获了很多惊喜。孩子们对声音的敏感程度以及观察事物的仔细程度都出乎老师的意料，而且在自由组织活动的过程中，学生们表现了很好的合作精神。他们尊重彼此的意见，合理分工，没有出现争抢的现象，充分地体现了培养者目标中“有原则的人”的标准。对于学前班的学生来讲，这是很不容易的。同时，学生们掌握了相关的词汇和句子，这个过程是非常自然的学习过程，也是双语班的优势所在。最后老师还要进行总结性评估，这个主题的学习才算是完整的。

探究活动中确定探究方向是最重要的，PYP教学比较灵活，涉及的知识比较宽泛，如何选取文化角度，确定语言内容，非常考验老师的功底。如我们确定对声音的探究，组织学生练习舞狮，感受不同的声音、节奏对狮子情绪的影响，即切合本单元学习主题。

延伸思考

新加坡的国际学校大多是采用IB的课程体系，双语班中文课是跟着英文的教学模式走的。在这种教学模式中，语言教学随时随地进行着，而文化教学课程还处于研发阶段，这就需要中文老师非常熟悉PYP教学模式，具有深厚的文化素养和跨文化交际能力。唯有这样，才能更好地进行课程整合，设计可行的教学活动。同时，老师自身所掌握的专业知识和语言教学能力也非常重要。老师自己的理解会决定他们选取哪些资源、设计哪些学习体验以及如何有效地开展教学。但是选取的活动要和探究的目标、要理解的概念以及所要发展的技能紧密地联系起来，才会达到一举多得的目的。

参考资料

1. （美）柯雪润. 教汉语，教文化：美国幼儿园至八年级汉语及中国文化课程设计[M]. 北京：北京大学出版社，2013.
2. 李晓琪. 对外汉语口语教学研究[M]. 北京：商务印书馆，2006.
3. 唐智芳. 文化视域下的对外汉语教学研究[D]. 湖南师范大学硕士学位论文，2012.
4. 谢玲玲. 以文化为核心的美国汉语教学模式探析——兼论对我国对外汉语教学的启示[D]. 华中师范大学硕士学位论文，2012.
5. International Baccalaureate. Making the PYP happen: A curriculum framework for international primary education [S]. Rev. ed. Cardiff: International Baccalaureate, 2009.

专家点评

国际文凭小学项目中的汉语老师都面对一个重大任务，那就是如何把汉语教学融入主流课程的探索单元。汉语作为一门外语或第二语言，其难度以及跟学生们的母语距离都比许多字母语言复杂。因此目前大多数实行小学项目的学校都要求一年里只需要连接两个单元，其他的探索单元可以酌情处理。即便如此，汉语老师也必须挖空心思，在汉语课上认真地贯彻国际文凭理念。然而其结果常常是牵强附会。究其原因，最主要的问题在于语言学习是一种技能训练，不同于理念性科目。当学生的词汇量在一二百个单词打转的时候，很难进行具有真正意义的探索性学习。然而，该案例作者带领五六岁的孩子大胆尝试，通过传统的舞狮活动，既学了文化，又学了语言，同时开发孩子的智力，认识声音的性质和作用，展现了非常可贵的探索精神。

大概念指导语言教学是个极为重要的理念，不论对国际文凭还是任何其他汉语课程，都具有深远的意义。提出并实行这一理念，能够使语言教学拓展到全人培养的层面，是一个根本方向。如果在实际操作中能够尊重外语学习规律，避免生拉硬套，则能够取得事半功倍的效果。

Chapter 5 第五章 课堂管理

案例42 学五官词引起的小风波

高斯文

教学地点 新西兰奥克兰

教学对象 （1）年级：小学五、六年级

（2）国籍：新西兰

（3）第一语言：英语

教学任务 （1）学生学习五官的名称。

（2）学生掌握“我也有……”句型。

案例正文

我刚进入教室，学生有的坐在地毯上，有的坐在沙发上，三三两两，沉浸在自己的小世界里。我想先吸引学生们的注意力，便在白板上画了一个圆圈，问坐在白板附近的学生：“谁愿意帮它画个眼睛？”小学的孩子很喜欢涂涂画画，大家跃跃欲试，逐渐被吸引过来。画完了我教学计划内的五官之后，学生们的兴趣未减，吵着还要画眉毛、头发、胡子……还有学生好奇地指着自己脸上的雀斑问我怎么说。我没有打断学生们的积极性，任由他们画下去。白板上的五官图像越来越搞笑，大家都很开心，有好多学生主动把今天学的新词抄了下来。我借此再次复习“他叫什么名字？”“他几岁？”等问题，学生们回答得很积极，都愿意给这个五官图像取名字。

我觉得这种教学方式很适合低年级的学生，所以我在另一个班也用了同样的教学方法，可是在这个班却出现了小风波。一开始，每个学生轮流上来画一个器官，画一个大家一起学一个。可是中间有一个叫Jimmy的小男孩上来之后，擦掉了上一个同学画的部分，重新画一遍。其他的同学十分不满意，可是Jimmy不愿意改正，并说上一个同学画得不好看，所以他要帮忙改过来。因此Jimmy和班上的其他同学起了冲突，他一气之下涂抹了白板上的五官图像，回到自己的座位上不再听课。课堂的氛围被打乱了，我只好顺势打圆场问大家：“谁还记得眼睛是什么意思？”并鼓励回答上来的学生将五官图像缺失的部分补齐。在接下来的教学过程中，我暂时不理会Jimmy。

课后分析 / 解决方案

在本案例中，我根据当时的课堂情况做出了教学调整，用大家一起画五官的方式成功吸引了学生的注意力。这要比以往把学生们“喊”到一起的方式好很多，而且节省时间。除此之外，当学生出现了不配合的情况，打乱了原本的教学节奏，我做出了积极的应对，把学生们的目光再次吸引回来，这都是本案例中的可取之处。

但是，在本案例中也发现了一些问题。我本来是做了教学计划的，但是随着学生们热情不断高涨，教学节奏开始跟着学生走。学生们加了许多不在此次教学计划之内的词，例如“头发、眉毛、胡子”等等，其难易程度不同，学生一次课学习过多的生词并不合适。而且这一部分占用的时间过多，使得课堂活动来不及完成，学生们少了练习的机会。

因此，我以后在制定教学计划时，应该留一点儿“弹性”空间。在学生学习热情高涨时趁势多教一些是可行的，但是要把握好这个度。此外，我对教学内容要有一定的控制，不能任由学生发挥。在大家一起画五官这一环节中，应该由我来引导学生该画什么，画哪一部分。为了让学生有课堂“小主人”的感觉，我可以把这些词的拼音在白板的一旁写好，让学生们自己选想画哪一部分。学生们在选择的时候并不认识这些生词，可以在提示下猜一猜词义。这样可以增加趣味性，同时学生也会在自己“猜”出答案的过程中增加学习的信心。从“老师讲授知识”转变到“学生探索知识”，学习的效果会好很多。

其次，学生的个性特点鲜明，无论老师课堂活动设计得有多完美，都避免不了出现案例中的类似情况。Jimmy在以往的汉语课上学习的态度还是很积极的，但是由于年龄、成长环境等多方面的原因，他还是处在以自己为中心的阶段，并没有完全形成尊重他人劳动成果的意识，也缺乏耐心。这是很多孩子的典型特点，但是这并不涉及其本质上的好坏，只是某个阶段的个性特点不同而已。这样的孩子大部分都很“聪明”，相比其他同学，他们完成老师的任务很快，对于新知识接纳得也快，甚至很能博得老师的关注。但是，他们耐心有限，对于复习练习没有兴趣。小组活动中，他们总是自己独立完成任务，不愿和他人合作，也不给其他同学参与的机会。这样的学生老师真的是“又爱又恨”，稍有不慎，整个班的节奏都会被打乱。

针对这样的学生，老师在设计教学活动时要有所“防备”。第一，要定好规矩。在此案例中，我并没有给出明确的指令，即：大家不可以改变其他同学的“作品”。因此，Jimmy会以为自己的行为是老师允许的。第二，找机会挫挫“锐气”。例如提问的时候，将稍有难度的问题抛给Jimmy，让他知道自己还有很多地方要学。第三，表明老师的态度。让其他学生感受到，我更欣赏的是认真努力的孩子，不要打击其他学习节奏较慢的孩子的积极性。

延伸思考

在新西兰的小学，学生是没有上课记笔记这种习惯的，学校也不会给学生提供笔记本。像上述课时少、课时短的语言课，学生们和老师简单开口说几遍就结束了，没有课后复习、做作业的环节，常常一个礼拜再见面，学生已经忘得差不多了，老师又要再花费大量时间复习旧知识。可是，在本案例中，因为白板上的五官图像很受学生们喜欢，即使老师没有提要求，学生们也会非常自觉地找本子记下来。这说明尽管学生没有记笔记的习惯，但是只要方法得当，学生并不排斥。

学生写中文的兴趣是可以培养的，但必须根据班级学生的特点来引导。老师要统一学生们笔记本的规格，设计好学生的笔记，具有实用性的同时又要兼顾趣味性、色彩感。对于年纪小的学生，老师可以直接做好一些学习表（worksheet），让他们粘贴在笔记本上。除此之外，每次下课，老师要把笔记本收上来统一保管、查看。这样做既可以帮助学生保存笔记，又可以通过查看学生的笔记了解课上的学习情况。

参考资料

朱勇. 国际汉语教学案例与分析（修订版）[M]. 北京：高等教育出版社，2015.

专家点评

该案例是外国小学中文课常出现的情况：个别孩子自我意识太强，搞乱课堂。作者采取淡化的方法处理，并且在日后的教学中设法培养学生的良好性格，这都是积极的尝试。有效地掌控课堂，纠正孩子的脾气，不是一朝一夕的事，但是能够迈出第一步就是成功的开始。

案例中的学生产生冲突说明了两个问题。其一，老师必须适时施教，根据现场情况调整教学计划，而不是照本宣科，置学生的状态于不顾，认为自己的责任只是讲完教案内容而已。国际学校考核老师时，备课笔记固然需要，但应变能力更为重要。其二，中小学教育七分管三分教。课堂上的主要任务是引导学生进入状态，专注听讲，积极参与。有了这个前提，课程内容的教学问题便迎刃而解了。这是一个纲举目张的关系。因此，中小学国际汉语老师要特别注意培训实用心理学和课堂管理方法。

案例43 中文课堂讨论的有效管理

孟　芳

教学地点 新加坡

教学对象 （1）年级：中学十一年级

（2）国籍：美国

（3）第一语言：英语

教学任务 （1）学生掌握新媒体的利与弊。

（2）学生讨论传统媒体是否应该被新媒体代替。

案例正文

在我观摩的一位老师的“传统媒体与新媒体”主题教学中，12名学生自愿分为三组，讨论“新媒体是否可以取代传统媒体”，时间为20分钟。课堂活动一开始，学生们先兴奋地闲聊了几分钟，然后在老师督促下才开始进入正题。讨论了10分钟左右，有些小组从讨论“媒体”转到了其他话题上，比如有的谈论学校的游泳比赛，有的静静地做自己的事，而专心讨论老师布置的主题的学生只有一半。老师要不断地提醒学生，把他们的注意力“拽”回到“媒体”这个主题上。而当老师检查讨论的效果时，学生的回答自然差强人意。我随机问几个学生讨论的内容和目的，他们几乎无法回答出来。在我看来，这是一次失败的课堂活动。

课后分析 / 解决方案

我认为，在中文课堂上，练习活动必不可少，其中课堂讨论被老师们广泛采用，以学生间的相互启发、相互学习为主，它能更好地调动学生的积极性、主动性，有利于培养学生的独立思考与人际交往能力，以及灵活运用知识分析问题、解决问题的能力。为此，周密设计课堂讨论的目标、内容和过程等就显得非常重要。如果课堂讨论设计不详细，准备不周全，将会沦为一种形式或者被学生当作闲聊的时间。

课堂讨论作为一种常用的教学方法，要为一定的教学目的服务；作为一种基本的课堂活动，它又要有一定的内容和过程。评价一次课堂讨论的成败，不仅要根据其目的来判断，更要从讨论的内容和过程以及取得的效果来考察。老师在设计课堂讨论的时候，需要认真考虑以下几个方面：

第一，学生合理分组。有些学生表达能力比较强，而有些学生性格比较腼腆、内向，不善于表达自己的观点。因此，根据学生的语言水平和性格合理分组，是确保每个学生都能在自我感觉舒服的范围内参与的关键。这就要求老师平时注意观察学生的汉语水平、性格特点、爱好以及社交能力，有目的地、合理地进行分组。

第二，明确讨论目的。明确讨论目的是课堂讨论取得成功的首要前提。老师在考虑运用课堂讨论这一教学方式时，就要根据整节课或整个单元的教学目标预先设想讨论要达到什么目的，而且能够针对学生的差异预想到每一个学生在讨论中可能会达到的目标。比如，在讨论“新媒体是否可以取代传统媒体”这个主题时，老师的目的是让学生了解新媒体与传统媒体各自的优势和劣势，通过互相讨论，深入了解新媒体的出现给传统媒体带来的冲击，扩大自己的知识水平，同时锻炼观点理解和表达能力。

第三，布置具体任务。任务布置得越具体，学生课堂活动方向越明确，完成任务就越顺利。上述案例效果不理想的原因，还在于布置任务有欠具体。如果老师没有明确学生在讨论中应当做的事情，他们很难一直兴趣盎然、积极思考。老师应该课前有所准备的，先根据课堂主题和学生水平确定问题，再组织学生当堂讨论，否则讨论只会流于形式。因此，老师在布置任务时应该考虑到：1.确定角色；2.完成任务的步骤；3.完成任务的重点（例如本案例的任务重点是新媒体与传统媒体的比较）；4.要求，也就是注意事项；5.评估细则（小组评估和个人表现评估）。

通过布置具体任务，学生能够明白要做什么、怎么做。在这个课堂讨论中，确定角色尤其重要。由于是小组活动，常常会有个别学生抱有“漠不关心、事不关己”的态度。所以，布置任务时一定要确定每个学生的角色和任务。比如学生A是组长，负责小组活动的安排和协调工作；学生B是记录员，负责记录每个学生的观点；学生C是计时员，负责在每个学生发言时计时，确保小组准时完成任务；学生D是报告人，负责归纳总结并向全班汇报本小组的活动情况等等。这样一来，在课堂讨论的时候，每个小组成员都有各自要做的事，不会出现个别学生在小组中“游离”的现象。

当然，活动的评估细则应该是透明的，可以在活动前与学生共同制定，让学生对评估的标准心中有数，这样才能更好地激发他们的潜能。

学生合理分组、明确讨论目的及布置具体任务是有效课堂讨论的重要因素。

延伸思考

设计课堂活动时，为保证活动进行的效果，还需把握以下四个原则：

第一，把讲堂变学堂。在设计课堂活动时，如何合理安排教学进度、课程量及讨论时间，让学生相互交流、相互学习的机会达到最大限度，借此调动学生的积极性，对老师而言是一大挑战。

第二，鼓励全员参与。学生的参与程度是衡量课堂讨论成功与否的一项重要指标。如何鼓励学生积极有效地参与课堂讨论呢？首先，用生动活泼的实例，引导所有学生参与讨论，尤其是性格内向、沉默寡言的学生也应该给予发言的机会；其次，学生的发言机会要保持平衡，不能总是让几个喜欢发言的学生控制整个讨论进程。

第三，展示讨论成果。如何展示课堂讨论的成果也是不容忽视的问题。如果课堂讨论结束后，让每个小组都展示成果的话，课堂时间自然是不够的。因此，可改为在小组研讨的基础上，通过老师指导、组际竞赛等方式，把具有共性的问题、组内尚未解决的问题、需要拓展探究的问题提出来加以解决，以此拓展学生的推理性、批判性思维，这样才能在自然、愉快地使用语言的过程中“体验—感悟—学习—反思—进步”。

第四，老师中肯点评。在每一个较大的语言技能综合训练环节中，老师都应该对学生的演练及时做出点评，充分肯定学生的优点，委婉、适当指出活动中的不足。点评虽然占时不多，但对提升学生的语言表达能力至关重要。

参考资料

1. 崔希亮. 对外汉语听说课优秀教案集[M]. 北京: 北京语言大学出版社, 2011.
2. 杨文惠. 轻松教汉语——汉语课堂教学实用技巧72法[M]. 北京: 世界图书出版公司, 2009.

专家点评

课堂讨论是一项非常值得推崇的课堂活动。在把汉语作为外语学习的语言课堂上，经常出现的情况是学生只能在基本熟练掌握关键词语和句式之后，才能根据自己的观点，在老师指导下做有限的讨论，因而在这样的课堂上，学生们基本没有机会能自由发挥，畅所欲言。

案例提到的有效管理，实际上是要求老师在课前做好充分的准备，每一个步骤都有详细的指导和要求。这样课堂上每一个学生都知道要做什么，应该怎么做以及为什么需要做。其中必然包括老师提到的“布置具体任务”，例如：讨论中，每一步要完成什么，怎么完成；给学生一个具体的角色，可以使每个学生清楚知道自己的工作，更加具体而有条理地完成讨论。

当然，这样有非常具体要求的讨论有利也有弊，一方面可以较好地掌控课堂，保证每个学生都参与，但另一方面会出现讨论太中规中矩的情况，学生只是在完成老师布置的各项任务，而不像一个真正的讨论，学生很难自由发挥。但是不管怎样，在学生练习讨论的初级阶段，老师可以多给一些具体要求，随着学生讨论的能力逐渐提高，对节奏掌握越来越熟练，老师可以慢慢放手，给他们更多的自主权，让学习能够自由思考、充分表达。

案例44 竖起大拇指，让我夸夸你

钱明敏

教学地点 美国肯塔基

教学对象 （1）年级：小学一至三年级

（2）国籍：美国和墨西哥

（3）第一语言：英语和西班牙语

教学任务 学生在小组内轮流进行对话练习，由作为听众的一方表示感谢或赞扬。

案例正文

“好！”“很好！”“让我们给××竖大拇指，他/她真棒！”这些都是我们在汉语课堂上经常听到的对学生的赞许，而且这样的评价大多出自老师本人。

我曾遇到这样一些情况：下课后，学生过来说：“老师，我刚才也回答了你的问题，为什么你不夸我说得好？”“我和John一起回答了你的问题，他得到了表扬，为什么我没有呢？老师，你不喜欢我吗？”“我没听到Mia的答案，为什么你表扬她？”

每次听到这样的问题时，我都忙不迭地表示抱歉并再次肯定学生在课上的表现。听到表扬后，学生对我说：“谢谢，老师再见。”接着便乐滋滋地去上下一堂课，脸上不悦的表情也一散而去。

课后分析 / 解决方案

本案例中提到了汉语课堂上对学生表现做评价的问题。老师在教学中会遇到一些顾此失彼的情况，比如在表扬或批评时漏了一些学生。在课堂上，老师需要面对整个班集体，一时的疏忽可能在学生眼中是一件“天大”的事情。如何让每一名学生都能感到被关注被关心，是对老师课堂管理的一大挑战。

其中，及时进行正面评价，适时表扬是汉语课堂上老师需要掌握的技能。很多时候老师的表扬比物质上的奖励效果更大，不但可以激发学生的学习兴趣，还能帮助学生树立自信，提高自我认可度，使学生在学习中形成良好的情感体验。但是对于老师来说，一个课堂上存在多种情况，如果一一对这些情况进行评价，可能没有太多的时间和精力。如何对学生的表现做出及时回复，有时候光靠老师一个人的力量是不够的。既然课堂教学以学生为中心了，我们是否也可以考虑将评价的工作也交给学生？具体该如何操作？

美国肯塔基州部分学区近年开始推广一种教学活动——Kagan Structures，其中一项“小组轮替”（Round Robin），学生四人一组，分为Face Partner和Shoulder Partner，组内的对话练习等由Face Partner和Shoulder Partner交互式进行。这样可以让组内的搭配最大化，每次轮流练习后，都由听众一方为对方表示感谢或赞扬。

Kagan活动的最大特点就是让学生进行同辈合作学习，让每个学生都参与互动。每次我发出练习指令时，学生需要迅速找到合作对象，用三十秒的时间读出要练习的词语或在一分钟的时间里用汉语回答问题。这样的学习任务由合作双方轮流进行，搭档需要认真聆听，结束时给出评价（一般都是反馈积极正面的意见，例如：“你说得很好！我喜欢你的答案。”）。

使用Kagan后，学生的参与度大大提高了，一些害羞的学生也愿意开口说汉语了（以前会因为面对全班而比较害羞），而一些之前在课堂中表现特别活跃的学生除了带动其他学生参与练习之外，也因为练习时间的设定和需要听搭档说话的规则，能够慢慢控制自己过于积极活跃的行为，耐心听取他人的观点并赞许他人。

在进行Kagan练习活动时，老师是一名指令员、计时员和观察员，让学生作为评价的发出者和接收者，使表扬在课堂中得到及时落实，也就不用再为自己一时的疏忽而担心了。在汉语课堂上，老师也可以顺带将用于表扬的表达方式教给学生，如：“好、很好、太棒了、你真聪明、你真牛、我佩服你”等等。

延伸思考

老师在汉语课堂中应该如何把握好对学生的表扬和批评？是否可以通过制定一些具体的规则来进一步细化评价标准？这是我一直思考的问题。美国中小学对于课堂行为有一些较好的模板可以参考，比如：在不同的场合，对于音量的控制有一定的量化规则；对学生的课堂表现进行实时评价，让学生自觉修正。

对于小学一年级到三年级的学生，老师较多采用实时评价，使用的评价工具是ClassDojo。每个学生的名字都会显示在电脑屏幕上，课堂表现好，遵守规则的，加一分；违反规则，打扰他人，不服从指令的，扣一分。每天结束时，老师会选择当天拿到Top 5的学生，分发小礼物表示奖励。

课堂规范慢慢确立下来，老师通过打分，准确量化了学生在课堂上的表现，激励学生不断进步，让混乱的课堂变得有条不紊。

参考资料

1. 刘逸云. 对外汉语课堂中的批评与表扬[J]. 时代教育, 2010(12).
2. Spencer Kagan. Kagan Cooperative Learning [M]. San Clemente, CA: Kagan Publishing, 2008.

专家点评

该案例涉及国际汉语教学里的一些核心问题，有一定深度。首先，从大众心理学的角度看，表扬有助于提高学习积极性。得到肯定以后，多数人会增强信心，出现“更上一层楼”的愿望和勇气。但是通过电脑应用程序公开学生得到表扬或奖励的次数，是一个值得进一步商讨的做法。得奖多的自然“乐滋滋”，那么得奖少的呢？我们可以自问为什么要这么早就把学生置于一个激烈竞争的环境里？我们也可以自问青少年时的一切努力只是为了成人以后更具有竞争力吗？正因为这是个近乎悖论的命题，所以它才有探讨的余地。案例作者无疑得到了自己的答案，即鼓励为主，利大于弊。

案例中可贵的一点是利用任务清晰、行之有效的小组活动提高了课堂上目标语言的密度，把学习的主动权交给了学生。同时，也把正面评价的机会交给了学生，降低了老师出现疏漏的概率。

案例45 如何公平分配教具？

钱明敏

教学地点 美国肯塔基

教学对象 （1）年级：小学一至三年级

（2）国籍：美国和墨西哥

（3）第一语言：英语和西班牙语

教学任务 以分组的方式轮流练习，训练听、说、读、写技能。

案例正文

在汉语课上，为了增加学生的参与度，我添置了一些中文绘本、七巧板和孔明锁等，同时学校也配给了少量的电教用品，如电脑、投影仪、iPad等。因为我在最开始缺乏经验，没有及时制定教具分配的规则，这些原本想用来活跃课堂的道具，成了引起学生“纠纷”的导火索。几个学生争着要用iPad，想玩同一件玩具，想看同一本书，而这些东西却又不能同时分给每个人。学生自由活动时，经常有学生跑来“告状”，希望老师帮助解决教具问题。

我大胆尝试了各种分配教具的方法，如“剪刀石头布”（Rock，Paper，Scissor，Shoot）、“抽签”（Lucky Name）、“大转盘”（Spin Wheels）等，也尝试根据学生完成学习任务的顺序让他们选择教具，但总是不能让大家都满意。同时我也观察到一些孩子每次一到游戏奖励的时间，就会因为没能拿到自己心仪的教具而感到失落。这让我感到很内疚，反问自己：“我怎么样才能做一个公平公正的‘法官’？”

偶然一次机会，走过一位美国老师的教室门口，看到里面分成几个小组，学生们都在安静地做自己的任务，这让我很羡慕，于是迫不及待向这位美国老师请教如何让学生的分组活动顺利进行。

课后分析 / 解决方案

在海外汉语课堂上，教学资源分配的问题是较为普遍的。尤其是一些具有中国特色的教学资源，基本要靠老师自己从国内购买，想让班里的学生人手一份，显然有一定的困难。

有限的教学资源应该如何平均分配给所有学生？如果老师做得不好，课堂中会出现你争我抢的情况，年龄小的学生说不定会开始哭闹，年龄大的学生会直接指出老师不公平。那该如何处理案例中出现的问题？老师需要对班里的教学材料进行统计，按语言技能进行分类归纳，课堂活动时可以将学生分到不同的技能小组，参与不同的活动，并让每一组在不同环节中轮流体验。

	听	说	读	写
组一	学生1	学生6	学生11	学生4
组二	学生12	学生3	学生2	学生17
组三	学生7	学生8	学生19	学生18
组四	学生15	学生16	学生14	学生13
组五	学生5	学生10	学生9	学生20

注：“听”指的是看汉语小视频或听汉语歌曲；“说”是小组进行对话练习；“读”是阅读中文故事绘本等；“写”是汉字描红、七巧板等，低龄的可以是画或玩。

学生可以通过抽签的方式进行分组，也可以由老师随机分配，最大程度保证公平。学生进行不同组别的活动时，每组拿到的教学资源不同，少量的教具就能实现最大的使用率。通过轮流的方式使用教具，每个人都有机会用上。这么做不仅安抚了学生的情绪，也是教学公平的一种体现。

比如：二年级学生在学习交通工具的主题后，每个学生都分配了不同的小组活动。“听一听”小组的活动内容是在Youtube上观看和学习儿童交通工具歌曲Pinkfong；“说一说”小组的学习任务是在老师的指令下说出今天学习的交通工具词语；“读一读”小组看中文少儿读物《我的中文小故事》（Victor Siye Bao、曾凡静编著）；“写一写”小组画出自己喜欢的交通工具。每个小组的活动时间为8—10分钟，五天作为一个轮换周期，让每个学生都有机会使用不同的教具体验学习。

老师设计课堂练习活动，需要考虑各组的难易程度，安排好各个活动流程并详细介绍给学生。活动进行时，老师可以观察每个组的情况。每个组的活动方式不一样，难易程度也不一样，比如观看视频、绘画、描红等的活动难度较低，就不太需要老师的辅助，老师可以侧重关注活动难度较大的组，如“说一说”小组需要进行纠音纠错等。

在借鉴了美国老师小组分配的方法——Colour Group 后，我明显感觉到学生在领取教具时的态度有了改变。遵守规则和爱护教具的学生越来越多，不再有学生抱怨其他人多次使用某一个教具，也不需要老师来裁定谁可以使用教具。此外，学生们也愿意成为帮老师计时和监督教具归位的小帮手，一切都在有条不紊中进行。

延伸思考

培养学生遵守规则是美国初级阶段教育的重点。每年开学时，学校都会利用一周的时间训练学生遵守班级规则、学校规则及课堂活动规则等，务必让学生把这些规则牢记心中，亦或把班级规则贴在教室里，让学生在接下来的一学年中严格遵守。

在汉语课堂上，吸引学生参与的不仅仅是游戏，也可以是一些对话、阅读或视听材料。当老师想使用这些材料时，先要仔细告诉学生规则，并提醒他们只有遵守规则才能使用，否则只能收回。这一点也可以广泛地运用到汉语课的其他管理中，唯有令行禁止，才能更好地组织和管理课堂。

参考资料

1. （美）安·索德曼，李筠，贾浦江. 主题式教学：中小学汉语课堂教学设计[M]. 北京：外语教学与研究出版社，2016.
2. 中央广播电视大学对外汉语教学中心. 汉语课堂试听（初级）[CD]. 北京：北京语言大学电子音像出版社，中央广播电视大学音像出版社，2010.
3. 李泉. 汉语综合课教学理论与方法[M]. 北京：北京大学出版社，2011.
4 徐子亮，吴仁甫. 实用对外汉语教学法（第3版）[M]. 北京：北京大学出版社，2013.
5 杨惠元. 汉语技能教学法[M]. 北京：北京语言大学出版社，2019.
6. 杨惠元. 试论课堂教学研究[J]. 语言教学与研究，2004(3).
7. 周健. 汉语课堂教学技巧325例[M]. 北京：商务印书馆，2009.
8. Harry K. Wong. The first days of school: how to be an effective teacher [M]. Rev. ed. California: Harry K. Wong Publications, 2001.

专家点评

案例作者采用的教学方式是Learning Center。这是近几年非常流行的一种教学方式，主要强调学生们自主地使用教学材料，利用刚学过的知识独立解决问题。老师需要有创意地制作合适的听、说、读、写方面的活动，充分利用有限的教学资源，让学生轮流练习。学生在活动中，可以有独立完成的活动，也可以有小组一起完成的活动，这样使得学习更加有趣、更加多样化。轮流使用教学资源也是学生们学习在资源不够的情况下如何与他人相处合作的好机会。最后，非常认同作者提到的看法，即：吸引学生参与的不仅仅是游戏，也可以是其他学习安排。有效管理的课堂，要有让学生专注的学习活动，也要有行之有效的课堂规则。

案例46 对转校新生的差异化教学

高 杰

教学地点 新加坡

教学对象 （1）年级：小学二年级

（2）国籍：澳大利亚和新西兰

（3）第一语言：英语

教学任务 学生复习食物的名称。

案例正文

一天，在给二年级学生讲解物品价格的时候，我们复习到了“鱼”。当我让学生们发“鱼”的音时，大多数学生表现得很自信，并准确地发出了“yú”。但是，这学期同时来了五个转校新生，女生A在新加坡读了三年双语幼儿园，女生B的母亲会说汉语，男生C、D、E则刚从澳大利亚来到新加坡。两个女生有中文基础，很快便掌握了“鱼”的发音，但三个男生没有中文基础，没能掌握“ü”的发音技巧。

“Yú！”学生们正努力学习发音。

于是，我像上学期一样，如法炮制，告诉他们：“你要亲一个人，你的嘴应该怎样？”男生C和男生D比较开朗大方，用我教的方法很快就掌握了“鱼”的发音。但剩下的一个男生E比较害羞，始终不肯把嘴嘟起来，而且当听到我说“你想象在亲一个人”时，他满脸通红，一直把“yú”发成“yé”。

看到他的反应，我马上换了一种说法：“你想象要亲你的妈妈。”听到这句话，他的情绪放松了很多。我们又练习了两次，他终于能说出“yú”了。

课后分析 / 解决方案

我认为在对转校新生进行教学时，需把握以下三项原则：

1．选用差异化教学，要特别关注学生的学习心理

二语教学中，树立学生的学习信心是十分重要的。因此在对转校新生进行差异化教学时，要让那些从未接触过中文的零基础转校新生觉得中文并不难，很好玩，很有趣！所以国际学校的汉语老师要绞尽脑汁，想很多新鲜有趣的教学方法，千方百计地让这些外国学生爱上这门外语。正是考虑到这一点，我才用西方人生活中习以为常的亲吻动作教导学生学习“ü”的发音技巧，让学生更容易接受。

2．为差异化教学备课时，不但要“备学生”，而且备课方案要有多元性

所谓“备学生”，不只是了解学生的汉语知识背景，而且还要了解学生的性格特点、兴趣爱好。因为我在上课前并不了解男生E比较羞涩，所以想当然地认为他能接受用亲吻动作来学习“ü”的发音技巧，才造成男生E“满脸通红”。

国际学校学生的学习特点比较多元化：有的喜欢看视频，有的喜欢听歌曲，有的喜欢听故事，有的喜欢画画……而且学生来自不同的国家和地区，有不同的文化背景、家庭环境和教育经历。因此，在有转校新生的情况下，备课方案要多元化，不能单一，以应对课堂中可能出现的状况。

3．进行差异化教学的过程中，老师要耐心细致地观察学生

老师对自己的教学对象越了解，教学越有的放矢。因此，在对转校新生汉语学习背景了解不深的情况下，老师进行差异教学时要更为耐心细致。在案例中，一开始我就是由于惯性思维，错误地认为所有西方学习者都是开朗大方的，很容易接受亲吻的动作，才造成了男生E的尴尬。还好在细心观察下，我及时发现了男生E的情绪变化，适当调整了教法，让他想象亲吻妈妈的嘴型，使他更易接受，最后成功发出“ü”这个音。

可见，教学观察是十分必要的，老师要通过观察学生的反应，才能知道自己的教学方法是否奏效，是否需要调整改进。

延伸思考

国际学校学生流动性大，学生的汉语水平参差不齐，很多学校没有实行分班制，因此在进行汉语教学时，因材施教的差异化教学显得尤为重要。对于半路加入的新生，内心比较敏感脆弱，在进行汉语教学时，更要使用差异化教学。

老师要根据学生在汉语课堂上听、说、读、写的表现，对学生的汉语水平做出判断，并通过观察学生在言行举止上的细微差别，对学生的性格、学习特点等有进一步了解，以便有针对性地开展差异化教学。

差异化教学不应只是表现在老师如何根据学生的汉语水平调整教学目标，更应表现在老师如何针对不同类型的学生实施行之有效的教学方法，做到因材施教，最终达到不同的学生在每节中文课堂上都有收获的教学目标。

参考资料

1. （美）彼得·赖福吉. 语音学教程（第五版）[M]. 北京：北京大学出版社，2015.
2. 潘文国. 汉英语对比纲要[M]. 北京：北京语言大学出版社，1997.
3. 阮曦. 影响二语习得的因素及其对语言学习者的意义[J]. 中国科教创新导刊——语言学研究，2010(25).
4. 王芮. 浅谈班级内分层教学在对外汉语教学中的应用[J]. 教育，2016(3).
5. 张斌. 新编现代汉语[M]. 上海：复旦大学出版社，2008.

专家点评

该案例的情况似乎极为简单：老师利用孩子最能接受的习惯动作，疏导其心理障碍，教会一个较难的发音。根据作者的分析，这个二年级的新学生可能有了极为清楚的两性认识和男女界限的概念，否则很难想象一个七八岁的孩子想到亲吻别人的时候会脸红，而在老师用“亲吻妈妈”的意向解围以后他便完全释然，嘟起嘴发出了“鱼”的音。老师这一极为敏锐的观察具有高度的专业性。

作者对差异化教学的认知比较深入。如果案例的研究时间能够从一堂课延伸到转校新生在一年里的进步情况，则更有说服力。差异化教学在教学实践中的一个主要矛盾就是要不要制定统一目标。如果统一，不论怎样实行差异教学，总有学生达不到目标；如果目标不统一，则很难给出公平的成绩。鉴于这一情况，差异教学把重点放到了学生的心理、社会和文化特征上，而不强调殊途同归的宏伟目标。案例作者的论述似乎与此吻合。

案例47 管理"跑班"有技巧

周昱帆

教学地点 新加坡

教学对象 （1）年级：中学六至八年级

（2）国籍：美国、印度和澳大利亚

（3）第一语言：多为英语

教学任务 学生复习上一节课所学词语。

案例正文

新学年开始了，我很高兴迎来了四个新班级。前几节课学生们彼此都还不熟悉，课堂纪律基本都还不错。但是，过了大概一个星期的时间，学生们就不陌生了，课堂问题也多了。其中一个班级尤为突出，全班有来自13个国家的23个学生，是六至八年级的混合班，学习中文二的课程。他们的课大部分都被安排在下午最后一节，加上和前一节课之间没有课间休息，学生们没有一次是可以集体按时到教室的。

星期一下午最后一节课，我如往常一样在教室门口问候并迎接每一个学生。白板的大屏幕上我也打出了ClassDojo中的倒计时功能，倒计时为10分钟。

"你好，今天的天气怎么样？""今天是不是阴天?""昨天下雨了吗？"……每一个和我打招呼的学生都被一个个问题快速切换到中文课堂的频道上。打完招呼，我又给了每个学生一份上节课新学词语的小测验，拿到小测验的学生进门后便坐到座位上安静地做起来。还没有打招呼的学生，有的要去厕所或要去接水，有的刚上完体育课，还在更衣室换衣服。差不多五分钟左右，所有学生都已到齐，有几个学生虽然已经开始做小测验，但还是比较兴奋，时不时会跟左邻右舍交头接耳。此时我打开手机中的ClassDojo，一边检查学生做测验的情况，一边奖励积分。那几个交头接耳的学生，听到"叮、叮"的积分响声，也都埋头认真起来。

倒计时结束，我开始准备和学生一起核对小测验的答案，复习上节课的内容。但是进教室比较迟的几个学生和刚才说话的那几个学生就嚷嚷："老师，please wait！""I haven't finished yet！"但是因为时间的关系，我只好让学生一起做答，并没有给他们额外的时间。有一两个学生在对答案的过程中并未积极参与，另外一个学生还插了一句："老师，今天是我的生日。"有几个平时活跃的孩子就跟着起哄，还唱起"祝你生日快乐"来。我赶忙制止，并说："祝你生日快乐！"我又鼓励大家一起说："祝你生日快乐！"完毕，我顺便点他回答问题："请你回答一下第三题。"然后继续上课。

课后分析 / 解决方案

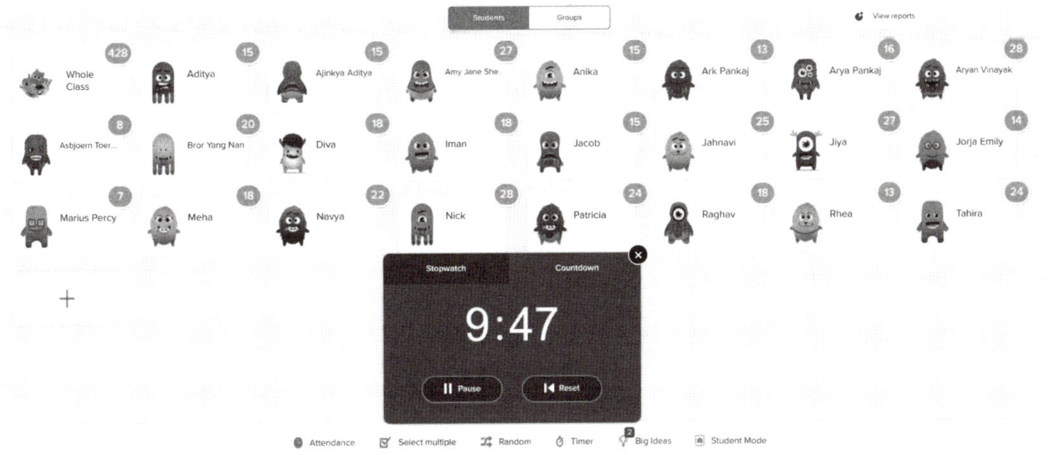

ClassDojo 的奖励积分及倒计时功能，是老师课堂管理的好帮手

本案例中的中文课在周一下午最后一节，学生不能很快到齐，我站在教室门口跟学生用中文打招呼，让学生快速进入中文学习状态，同时分发小测验让早来的学生有事可做，避免出现课堂混乱的情况。大屏幕上的倒计时也提醒他们有这些时间来完成小测验，让他们有时间紧迫感。针对不太遵守课堂秩序的学生，我并没有直接管教，而是借助ClassDojo奖惩平台，给课堂纪律好、认真做测验的学生奖励，间接提醒交头接耳的学生要专心答题。这么做起到了改善课堂纪律的效果，同时又不会因为直接批评不守秩序的学生而影响到周围的人。这些都是比较成功的课堂实践。

但是，在本案例中也出现了一些问题。第一个问题出现在倒计时结束的时候。当时我要核对小测验的答案，但是有几个未做完的学生并不想急着核对答案。由于时间的关系，我并没有给这些学生额外的时间。在这个环节上，我的课堂设计是不完善的。因为学生进入教室的时间并不相同，而学生收到的课堂小测验却是相同的。要求所有学生在倒计时结束时都能完成小测验是不太现实的，这使得那些没有完成小测验的学生不能很好地复习上一节课的内容。所以我在制定教学计划时，应该对小测验做"弹性"修正。例如：可将小测验设计为课堂必须完成的部分、选做部分和课后作业部分。为鼓励学生完成，提高学生的积极性，也可将每部分加入ClassDojo积分，学生每完成一部分，就可以获得相应的积分。这样，做得快的学生就可以继续完成选做部分获取额外积分，或者更快的学生可以提前做课后作业。那么在倒计时结束时，我只用核对必须完成的部分即可。

中学生在集体活动中希望有存在感，所以我在讲解的时候应该让他们有机会参与其中。排除学生迟到的因素，某些学习积极的学生可能会因为一些其他外在因素而无法完成计划内的任务。我如果不等一等学生的话，可能这些学生的积极性就不会像以往一样高了，所以针对这样的学生要特别注意。

第二个问题出现在讲解答案的时候。其中一个未做完测验的孩子插了一句今天是他的生日，班级本来顺畅的秩序被打断了。学生因为没有做完测验，且不愿意积极参与，于是借此机会，脑袋里有了别的关注点。对这一课堂问题，我应做好如下两点：

1.花心思去了解学生的生日，在学生生日当天祝他们生日快乐。从学生的角度来看，这个老师是在意我的；从课堂角度来看，减少了某些学生中途干扰课堂的可能性。

2.在这堂课上，祝贺学生生日快乐，说完重申课堂纪律，让学生意识到他不仅不听课还随意插话的行为是不对的。再发生如案例中提到的状况，我应该及时掌控课堂的大局，而不是让学生一两句话带偏了节奏。一个有经验的老师，必须知道自己是课堂的主导。一旦被学生慢慢占领主导地位，想再控制好课堂纪律就很难了，学习效率也会大大降低。

延伸思考

在新加坡的国际学校，学生并不是每节课下课都有充足的休息时间“跑班”的。尤其是中学低年级的学生，时间管理技能（Time Management Skills）和组织技能（Organization Skills）都还处于适应和培养阶段，难免会出现把课堂必需品忘在储物柜或者家里的情况。如果“跑班”的前一节课是体育课，学生进入课堂和安静下来的时间就会更长。

针对这些客观存在的问题，并非无计可施。只要方法得当，学生还是可以在老师的安排下，快速进入学习状态的。比如：老师刚接手新班级时，要在前几节课中训练学生知道哪些必需品是上课要带的，对做得好的学生给予奖励，让学生形成条件反射，知道上中文课我就要带这些用品；课前一定要有设计好的暖身活动，比如进教室前一对一的问候、课前小测验等。只要有计划地进行课堂管理，就不会浪费太多正式上课的时间。

参考资料

1. 王广中. 创设良好课堂学习氛围的策略研究[J]. 中国电力教育，2010(34).

2. 张东，李森.课堂管理创新：内涵，方向，策略[J]. 教育探索，2005(10).
3. Edwards C H, Watts V J. Classroom discipline & management[M]. 2nd ed. Milton, Qld.: Wiley, 2010.
4. Evertson C M. Classroom management for elementary teachers[M]. 3rd ed. Boston: Allyn & Bacon, 1994.

专家点评

该案例中的场景极为常见。在一些国际学校，中文是副科，常常用来填补课表上的空白，往往不会排在一天的“黄金时间”学习。加之学生来自不同的自然班，全员按时到堂基本上是中文老师的奢望。案例作者设计了不同的活动来解决到堂时间参差不齐的问题，做法比较成熟。这种课前活动实行一两个学期以后，或者形成惯性，或者被更为有效的方法取代。该案例显然属于前者。

作者的分析也比较诚恳、实事求是。弹性任务的想法很有价值，既鼓励了学生的积极性，又给时间较少的同学一个基本的知识复习的机会。作者对课堂管理的认识趋向成熟，强调应变能力，抓住主动权，防患于未然。事先掌握学生的自然状况，如生日、母语和文化背景、学习态度、认知能力等因素，课堂设计就有了很强的针对性，容易管控课堂。电脑软件程序ClassDojo也起到了应有的作用。

案例48 补习中心的第一节课

吴婧婧

教学地点 新加坡

教学对象 （1）年级：小学二年级

（2）国籍：新加坡

（3）第一语言：英语

教学任务 （1）学生学习第一课的生词。

（2）学生做完汉语练习小册子中的词语练习部分。

案例正文

上课的前一周，我一拿到教材就开始紧锣密鼓地备课。第一节课我主要安排了两个教学任务：1.学习第一课的生词；2.做词语练习。

当天我提前一个小时来到补习中心，向同事请教了一些关于设备和上课的注意事项之后，就又快速过了一下教学流程，然后等待我的新学生来上课。开始上课不久，校长悄悄地坐在了教室的后面。对于第一部分的生词，我的处理方式是：先在PPT上放出相应的图片，请学生们先猜一猜是什么，然后再给出生词。不出意料，学生七嘴八舌地猜起来了，总有程度好的学生可以说出来。可是刚说到第三个的时候，校长站起来了，一边走到黑板前，一边说："吴老师，请你停一下，请帮我把生词表发给大家。"我瞬间有些摸不着头脑，但也只能照做。校长面带微笑对着孩子们讲起来："同学们，请看第三个词，来跟我一起读'××'。非常好！请同学看前面，这个字第一笔先写×，再写×……吴老师，请按照这样来教。"我明白了，校长是让我重点教读音和笔顺。我赶紧调整一下状态，走到黑板前继续教下去。刚教完一个生词，又被校长请下来了。

这样两番三次后，我整个人都傻掉了。一节课上得乱七八糟的，给学生们留下的第一印象非常不好。当然，那天的教学任务也没有完成。

课后分析 / 解决方案

对于新手老师来说，这样的事情很有可能会遇到。这并不是一件小事，如果处理不当的话，很有可能让老师与校长的关系变得很糟。更重要的是，新手老师给学生的第一印象将会影响学生今后对老师的看法。所以我认为这个问题很严重，一定要妥善处理好。

首先，对于每一位国际汉语老师来说，课前的准备一定要充足。第一，提前熟悉教室的设备，以防设备不能正常使用等问题发生；第二，提前了解学校的教学情况，比如教学理念、教学方法等等；第三，非常重要的一点，就是一定要备好课，如熟悉教材、了解学生水平、设计适合学生的教学步骤等等。我做到了提前备课并提早来到教室熟悉设备等，但是有一点失误的就是，我没有根据学校的教学方式和学生的情况来备课，以至于教学上与校长设想的有所不同，才会出现课堂上的尴尬。

其次，对于课堂上的尴尬，我及时调整了状态，并没有产生畏难心理。但事发时，我没有充足的时间与校长沟通，以致于后面又出现被制止的情况。因此，当事情发生时，我应及时请示校长的意思，然后委婉地跟校长说，自己会尽力教好这节课。但不管怎么样，都要以学生为主，如果有教得不对的地方，请校长课下再批评指正。

最后，既然事情已经发生了，我应尽快妥善处理后续的事情，以防事态恶化。下课后，我应及时跟校长沟通，因自己教学经验不足，表示歉意的同时，也要虚心向校长请教。最好也能委婉地表达出希望校长以后尽量不要打断我上课，这不光容易给我带来负面情绪，也容易让学生感觉到课堂的混乱和老师的不专业。我也可以在适当的时候向学生简单解释一下，但重点应放在日后的教学中，以优秀的教学质量和独特的个人魅力弥补第一印象的遗憾。

延伸思考

我们身为国际汉语老师，自己的行为举止、专业程度以及思想价值观等等都会对学习者产生直接或者间接的影响。如果我们教得好，很有可能会让学生更喜欢学汉语；相反，学生也有可能因为我们某一方面失误，而失去继续学习的兴趣，甚至产生排斥心理。因此，国际汉语老师面临的压力和挑战是时时刻刻的，我们应保持一颗谦卑、警惕的心，不断提升自身的应变能力和人际交往、沟通的能力等等。

参考资料

1. 陈琳. 对外汉语教学若干案例分析[D]. 四川师范大学硕士学位论文，2014.
2. 朱勇. 国际汉语教学案例与分析[M]. 北京：高等教育出版社，2013.

专家点评

这应该是一个在正规学校不常见到的情况。在正规学校，老师不了解学生情况，不了解校长和部门主任的教学要求，而被要求马上开始教学的情况基本上没有。即使老师使用的教学方式与校长预设的不一样，正规学校的校长也会尊重这位新老师，让他把课上完，在课后再进行沟通，了解具体情况以后，给予新老师足够的改进机会。

作为初来乍到的新老师，应该主动与部门主任以及相关老师交流，上课前一定要了解学生情况，确定教学目标以及考核标准，同时可以和他们讨论教学方式。作为有专业水准的一校之长，应该采取更有效的双赢策略来系统地监管教学，以更加积极的沟通方式，提出更有建设性的建议帮助新老师成长。

案例作者最后的反思非常专业。的确，作为新员工，在不了解学校各方面的情况下，而且对方是一校之长，处理这样的事必须谨慎小心，所以最后的补救措施非常到位。

案例49 小学汉语课堂管理的三个“小贴士（Tips）”

焦　阳

教学地点 中国天津

教学对象 （1）年级：小学三年级

（2）国籍：美国、韩国和捷克

（3）第一语言：英语、韩语和捷克语

教学任务 复习“春、夏、秋、冬”四个词语。

案例正文

今年接手了一个三年级的汉语班。在英式国际学校，三年级学生只有七八岁，年纪还比较小，上课常常坐不住。有的孩子不懂课堂规则，上课的时候随意走动，课堂场面比较混乱。另外，班里学生的情况不尽相同：有些学生已经学了一两年的汉语，有的学生是第一次接触，对汉语完全没有概念。这些学生在同一个班里上课，给老师带来的挑战还是很大的。对于老师教授的内容，有基础的学生感觉“吃不饱”，零基础的学生一头雾水。

针对班级课堂秩序比较混乱的情况，我设计了课堂守则，并以儿歌的形式教给学生。我还利用了一个名为ClassDojo的课堂管理系统，让学生用这个系统为自己累积分数，使课堂秩序大为改观。除此之外，在课堂活动设计方面，我也利用了该年龄段学生活泼好动的特点，设计了一些简单的小活动，使全班学生都可以参与进来。

例如有一次上课，我用一个小活动带孩子们复习“春、夏、秋、冬”四个词语。我提前做了四张词语卡片，先带他们回忆了发音和词义，然后请四名学生到讲台前来，一人发一张卡，让他们手里举着卡片并排站着，接下来，我让其他学生站起来，我喊到哪一张卡片，大家就跑到哪个同学身后。孩子们听了都很激动，我连忙提醒他们课堂守则：“轻声说，不喊叫；慢慢走，不要跑。”因为班上很多学生很调皮，我还提醒他们，如果违反规则，就立刻停止活动。活动进行得很顺利，效果不错，孩子们玩得很开心。活动结束后，大家回到座位上。我表扬全班同学都遵守了课堂秩序，每人在ClassDojo上加一分，然后抽查学生记忆词语的情况，活动成果显著。那几个汉语零基础的孩子也能读出这几个词，很振奋人心。

课后分析 / 解决方案

根据课上对学生的观察以及课后的思考，我觉得有必要加强课堂管理。首先，在上课前我制定了六条课堂守则。我在网络上寻找图片资源，再配合中英解释，中文上面加上拼音，以帮助学生记住发音。我把六张图片贴在教室的白板上方，学生们一抬头就能看到，时时提醒孩子们遵守规则。

图文并茂的课堂守则，串起来像是一首有韵律的童谣，让课堂管理收到事半功倍之效。

这六条守则连起来念，一共是五句话，好像一首有韵律的童谣：

认真听讲懂礼貌。
先举手，再发言。
轻声说，不喊叫。
慢慢走，不要跑。
上课坐在椅子上。

为了确保孩子们明白这六条守则的意思，我在上课一开始就带领学生大声诵读。由于有图片的帮助，孩子们很快就熟悉了这些守则的意思，并且可以大声读出来。

其次，我还利用ClassDojo给班里每个学生分配了一个虚拟人物。上课表现好时，就可以加分，加分时的声音非常悦耳。但是如果表现不佳，则会减分。我们每个星期计算总分，最高分的就会成为本周的“中文课堂小明星”。我会把“中文课堂小明星”的照片贴在教室后墙的荣誉榜上，并且让该学生在ClassDojo上为自己换一个新的头像。自从使用ClassDojo管理课堂后，孩子们的表现都很好，可见他们非常重视自己在ClassDojo上的积分。

在计分方面还有一些小妙招。由于上课时我经常使用互动白板和课件来辅助教学，如果频繁切换ClassDojo来计分，会影响教学的流畅性。于是，我把学生的名字写在一张细长的白纸条上，然后贴在白板上。每次学生得到分数，我就先在白板上画“正”字记录下来，临下课时统一将本堂课学生的得分登记到ClassDojo的网页上。这种方式适合小班教学，如果班里学生人数较多，以小组为单位来计分也是可行的。

此外，为了有效管理课堂，我还教学生两个口令：当老师说“小眼睛”时，学生们要说“看老师”；当老师说“小嘴巴”时，学生们要说“不说话”。这两个口令有助于在最短时间内组织教学，吸引全班学生注意力。由于班上有的学生听不懂汉语，英语基础也不太好，我就配合肢体动作，用汉语和英语分别说要求，以帮助他们理解指令。讲解完毕，我带着孩子们练习了几遍。孩子们觉得很有趣，像是在玩游戏，也像是在对暗号，配合起来很积极。

至于小活动，课后我进行了反思，考虑到班内水平不一致，应该进行分层教学，即：鼓励水平好的学生先展示，或者给他们布置一些难度较大的任务；而对于水平较弱的学生，老师要给他们足够的时间去理解、模仿、吸收，为他们布置难度稍低的任务。分层教学在汉语非母语教学课堂中非常普遍，老师在教学活动难度的安排、教学材料的额外标识（比如增加拼音、英文翻译的辅助）以及作业要求等方面，都应根据学生水平的不同做出相应的区分。

在良好的课堂秩序保证下，学生能够更好地参与教学活动，并且在活动中有所收获，完成学习目标。改进后的汉语课堂流畅性更高，学生参与课堂的热情更加高涨，注意力更加集中，师生配合起来也更有默契，因此取得了比较好的教学效果。

延伸思考

针对活动设计和课堂管理，我有以下五点思考：

1. 运用适当的课堂活动可以有效调动学生的积极性，吸引学生的注意力。但是课堂活动也要动静结合，这样才能达到更好的教学效果。

2. 课堂活动规则不能太复杂，越简单越好，尤其是针对低年级、初级水平学生。

3. 活动的设置应该有阶梯性，由易到难，根据学生的情况及时调整。另外，活动的更新不要过于频繁，可保留几个比较经典的、受欢迎的活动，在这些活动的基础上进行改良和创新。

4. 老师要时刻保持主导地位，确保学生在参加活动时遵守规则，这样一方面可以保护学生不受伤，另外一方面也能保证活动质量。

5. 老师要赏罚分明，学生遵守规则就及时表扬，给予鼓励，从正面规范学生的行为。与单纯地依靠惩罚相比，这种方式更易于让学生接受。

参考资料

1. 王巍，孙淇. 国际汉语老师课堂技巧教学手册[M]. 北京：高等教育出版社，2011.
2. 周健. 汉语课堂教学技巧325例[M]. 北京：商务印书馆，2009.
3.（新西兰）Victor Siye Bao，曾凡静，鲍思欢. 为师有道——对外汉语老师修炼指南[M]. 北京：北京大学出版社，2014.

专家点评

在国际学校的汉语教学中，常常遇到学生来自不同的学校，有不同的学习背景，同时这些学生出现在一个班级的情况。有时候，学过多年而进步不大的学生通常在学习态度和学习能力上差强人意，往往会给老师带来各种挑战。老师需要不断正面地、积极地影响他们，使他们的态度有所改变。本案例老师在遇到问题后积极思考，制定了有效的课堂守则，并且这些守则的形式是儿歌，朗朗上口，同时配合肢体动作，让枯燥的守则变得生动而容易记忆理解。ClassDojo更是小学老师最近几年普遍使用的课堂管理工具，老师可以根据课堂学习的需求，自己制定奖罚的条例以及分值，非常好用。

案例50 善用激励法活跃课堂

吴珊珊

教学地点 新加坡

教学对象 （1）年级：小学一年级

（2）国籍：新加坡、越南、印度和泰国

（3）第一语言：多为英语

教学任务 （1）学生能够认读“日、月、水、火”。

（2）学生能够熟读课文。

案例正文

我曾经教过一个比较特别的小一班，全班九个孩子都是男生。给九个六七岁小男孩上课，还真是头一次。他们聪明活泼，思维活跃，争先恐后回答我的问题，因此课堂气氛特别活跃。但是有时候过于活跃会出现课堂管理问题，尤其在纪律方面。

有一次，我教学生课文《有趣的汉字》，这节课的教学目标是让学生认读“日、月、水、火”这几个汉字。上课前五分钟是导入环节，我用一首改编的《上学歌》来导入“日、月”两个字。这首歌的旋律他们是熟悉的，所以唱了一遍之后，九个孩子开始边唱边跳。我一看时间，都已经上课十分钟了，这完全打乱了我的上课节奏啊。随后我就在想，要用什么办法能让他们既很好地配合教学，又让课堂不这么乱哄哄呢？

在另一班，我的教学对象也是小学一年级的学生，他们来自越南、印度和泰国。由于汉语水平都是初级，加上国籍不同，所以学生交流不多，课堂气氛不算活跃，大多以我说为主。就算在游戏环节，他们也不是很主动。对于这个“小小联合国”，该怎么调动气氛活跃课堂呢？

课后分析 / 解决方案

虽然以上两班问题各异，但是出现的问题都和课堂管理有关：一个班需要把握课堂节奏和控制纪律，另一个班则需要调动气氛增加互动。美国著名课堂纪律研究专家库宁（J. Kounin）认为，维持纪律的最佳方式是吸引学生积极参加课堂活动。善于管理的老师要能通过激发学习兴趣提高学生的课堂参与度，增加学习的机会；要能合理安排课堂教学内容和活动，把握课堂节奏。经过反思之后，我认为可以采用竞争激励法进行有效管理。

例如在教汉字“日、月、水、火”时，可以设计一些小组间的竞争机制，把学生分成四个小组，分别是红日队、弯月队、清水队和火焰队。老师可以配合板书（见下图），在白板上画出太阳、月亮、水和火。如果火焰队的学生比较吵，老师可以这样说：“咦？老师听到有人讲话很大声哦，老师要拿走你们火焰队的一颗小火苗咯。”

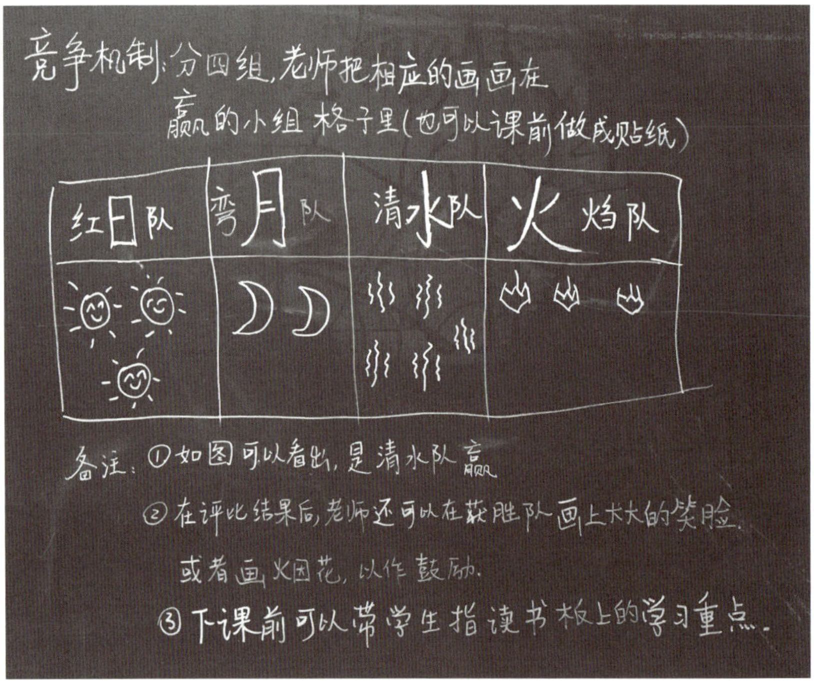

除了利用竞争激励法来促进教学，还可以使用评价式激励法：

1. 老师可以在分组朗读时说：“老师听到清水队的同学读得更加认真，发音更加清晰哦。所以，老师要把这清清的河水贴在清水队的下面咯。”

2. 老师在请同学单独朗读时，可以说：“这位同学读得非常有感情。他在读到‘弯弯’的时候，老师看到这位同学的眉毛上扬了一下，朗读得很生动。”

3. 对于口齿不是很伶俐，发音不是很清晰的同学，老师也要给予一定的鼓励：“哇，老师相信你一定可以读得更好。回家对着镜子多练习，课后可以读给同学，也可以读给老师听。”

这样的评价式激励法既适用于第一个班，也适用于第二个班。激励法的形式多种多样，可以是书面形式，可以是口头形式，作为老师，要善于运用激励法去优化课堂。尤其是国际汉语老师，需要面对来自不同国家和地区、不同文化、不同社会背景的学生。这些学生虽然成长经历不同，但是他们在同一个教室里学习目标是相同的，就是学好汉语。我们是否可以收集各种类型的激励法，整理出来做成一个资料库，让全球的国际汉语老师共享呢？

延伸思考

有效的课堂管理需要综合各种教学资源，老师和学生共同努力，营造出一个有利于教学的课堂环境，形成和谐的课堂氛围，从而顺利开展教学。

有效的课堂管理需要老师树立以人为本的管理观念，熟练地掌握课堂管理的策略和技巧，形成自己有效的课堂管理风格。

我们还应该注意与学生平等相处，激发学生的内在动机，不从外界施加压力，管理好课堂。如在教学中遇到什么难题，应多询问，多查资料，多向有经验的老师讨教，给自己加加油。

参考资料

朱勇. 国际汉语教学案例与分析（修订版）[M]. 北京：高等教育出版社，2015.

专家点评

该案例的核心是利用学生乐于取胜和老师正面鼓励的方法提高学生的注意力和参与程度，进而优化课堂管理。

在中小学课堂上，管不住学生就意味着教学的失败。但是“管”这个概念已经不那么流行，而且具有“导向错误”的味道。案例作者的引文说得很精辟，维持纪律的最佳方式就是吸引学生参加课堂活动。所以，课堂管理的真谛是如何吸引、引导学生，而不仅仅是奖惩措施。除了比赛、竞争以外，还有很多吸引学生注意力的办法，但老师本身给学生的印象也很重要。案例中的“管理风格”便道出了老师个人形象和素质的作用。严格的老师，或者管理有方的老师，都有一些共同的特点：言行一致、言而有信、公正、自律、敬业。很难想象一个迟迟不发还学生作业的老师可以管好课堂。如果出现这样的奇迹，那多半是淫威的作用。最后想提出一点想法：老师表扬学生应该尽量真诚、合时宜，“棒，棒，你真棒！”这种机械性赞语的作用可以探讨。

案例51 重组课堂，老师也是用了洪荒之力！

陈奕轩

教学地点 约旦安曼

教学对象 （1）年级：中学生

（2）国籍：约旦

（3）第一语言：阿拉伯语

教学任务 消除重组课堂后学生间的疏离感。

案例正文

我接手了一个重组班，简单说就是其他班里的学生重新组合凑成的班。这些学生有的因为中断过课程，错过了正常升班，有的因为上课时间不便而退出原班级，有的甚至是因为和原班级某些同学发生过宗教上的争执而转班。总之，因为诸多原因，我面临了这样一个孩子班，而我原来教的一直是以成人为主的大学班。该怎么管理好千差万别的重组班，着实让我头疼！

一开始，我注意到班上有个学生是喜欢积极回答问题的那一类外向型孩子，但是有时候学生积极回答的程度已经超过了边界，演变成了大段抢答，而我总是找不到很好的方法适时阻止他在课堂上的一些出格表现，使得其他相对内向的学生更加不愿意配合教学，学习的积极性也随之减弱。大家本来就相处不易，对我这个老师也产生了抵触情绪。

在经历了失败的课堂教训后，我意识到这个班学生的相处问题在教学的推进、教学活动的配合方面都产生了阻碍，必须马上改变课堂氛围。

通过对内向型和外向型的学生的观察，我总结出他们的学习特点为：内向的学生识记汉字、书写能力强，听说能力相对较差；而另一些外向的学生情况则截然相反。于是，我重新安排了教学计划：

1. 反省自己“放任自流”的做法，对不同性格的学生在教学管理上各有侧重，以点名提问的方式让内向型学生多发言，以小组活动的方式让外向型学生多发挥组织作用。

2. 改变学生座位，将之前横竖列队的传统座位模式改为圆圈式，有意让学生聚拢，方便观察他们的举动，并在形式上逐步加强他们的联系。

3．组织、开展配合型小游戏，让内向型学生意识到自己识记汉字、书写的优势，不再感觉不自信，同时也让外向型的学生注意到自己在这方面的弱势。这类游戏能够让学生通过队友间的配合，迅速熟悉起来，认可彼此在游戏环节中所起到的重要作用。游戏结束后，我及时总结学生表现，再次强调当堂教学内容，就出现的普遍性问题做出讲解。

4．定期举行“圆桌会议”，主要加强对学生们的关心。我在会议中了解他们日常生活中的故事，鼓励他们用母语夹杂所学汉语的形式去试着分享他们身边有趣的事情，并定期开设主题讨论，诸如分享你近期观看的一部中国电影等，以加深学生间的交流，方便开展教学。学生们相处得好，实在是帮了我很多。在宗教问题上，即便学生意见不和，但也会比以前包容一些。当然老师在此类问题上要保持中立的态度，从客观的角度引导大家学会互相尊重，使双方的讨论只限于问题。这时候我发觉自己还多了一个身份：调解员。

自从我先改变态度接纳这个班，并调整了教学计划后，通过三周的努力坚持，确实消除了重组班级的隔阂，学生的课间交流增加了，课堂活动的配合环节也明显好转了很多。之前总是抢答的那个学生在和小伙伴的配合中意识到了自己的不足，并且也想要赶上对方的汉字学习进度；之前相对内向的那些学生也慢慢地通过磨合与周围人熟悉了起来，在回答问题上逐渐有了敢发言、积极讨论的势头。对于这些改变，我很是欣慰。

课后分析 / 解决方案

这个重组班课堂气氛很快有所转变，我想主要基于以下几点改变：

1．调整老师自身的态度。在即将接手这个重组班，而且还是自己不擅长的孩子班时，我首先产生了畏难情绪，投入的教学热情也不高。由于负责掌舵的我自身不太乐意接受这个任务，才导致案例中问题的发生。所以我先从改变自己开始，迈出第一步。

2．注重情感的交流。我尽量多关心每一个学生，根据他们的性格特点展开教学，不再像之前一样，因为外向的学生容易吸引我的注意就忽略其他学生。还记得读过这样一篇文章《坐在最后一排》，老师通过表扬和鼓励，慢慢唤起了一位性格孤僻甚至自暴自弃的差等生重新找到自信。老师对学生的关爱应该是公平的、真诚的、无私的。学生各有特点，老师应在日常教学中努力发现他们身上的闪光点，创造一些表扬他们的机会，多给他们一些鼓励。或许，一句鼓励的话，一个表扬的眼神能激起他们的信心，成为他们前进的起点。

3．抓住孩子们喜欢玩的天性。大部分教学活动在玩中开展往往是效果最好的。这不同于成人教学，在我之前看来有些幼稚且费时的汉语游戏，其实用在孩子身上再合适不过。因为他们的注意力有限，呆板的程序化教学不适合他们。他们没有汉语专业的升学压力，也没有明确的学习目的，他们的父母大部分是因为看好今后中国的发展才送他们来的，所以很多学生是被动学习，这就要求老师来引导和激发他们学习汉语的热情。对于孩子们来说，学习不应该是单调的，而是收获快乐和知识的过程。

4．从教学中的一些小插曲中吸取经验，从而完善教学方案。在“圆桌会议”环节中，大家无意间对某些题外话展开了小讨论，虽然谈话氛围确实好了很多，但是时间掌控得不好。另外有两个学生在讨论过程中容易重复别人的答案，不太能给出自己的见解，交流动力不足。这就要求日后重新调整活动任务的分配，对于常常不主动思考，爱重复别人答案的学生，要多提点，使之能在逐步启发下说出自己的观点，并要求他们自己做总结，多鼓励他们开口。

5．时刻记得自己是活动的组织者，主要负责协调任务分配和观察学生的表现。不要被他们有趣的讨论带偏，忘记自己的任务，从而影响整体活动的进度。老师应适时叫停离题的讨论，注意引导沉默的学生或者一直重复别人答案的学生，带动他们积极回应并予以鼓励。

延伸思考

我们班的学生正处于青春期这一特殊的年龄段，而且对于学习汉语没有明确的目标。因此，老师应该注重与学生的情感交流，多设计形式多样的课堂游戏，做错了不责备，做对了多表扬，培养学生学习汉语的兴趣。

此外，在海外教学中，还要注意敏感的宗教问题。由于约旦学生的宗教背景不同，对于课本中涉及猪肉等一些伊斯兰禁忌的内容需要谨慎处理。还有就是斋戒月期间，穆斯林需要禁食。这就需要错开学生们的休息时间，因为班里非穆斯林的同学需要吃东西、喝水。另外，也要提醒非穆斯林的同学不要当着穆斯林同学的面吃东西。虽然只是微小的细节，但对于得来不易的班级团结却影响深远。

参考资料

1. 刘美如，吕丽娜. 智在沟通——国际汉语课堂教学与管理案例及解析[M]. 北京：北京大学出版社，2017.
2. 闻亭，常爱军，原绍锋. 国际汉语课堂管理[M]. 北京：高等教育出版社，2013.
3. 周建.汉语课堂教学技巧325例[M]. 北京：商务印书馆，2014.
4. 朱勇. 跨文化案例与分析[M]. 北京：高等教育出版社，2018.
5. 庄恩平，（美）Nan M. Sussman. 跨文化沟通[M]. 北京：外语教学与研究出版社，2014.
6. http://www.archchinese.com（可以做成词汇卡，提供字帖练习模板）

专家点评

此篇案例老师身处中东地区，其文化氛围有特殊性。老师在短时间内能注意到课堂上存在的文化差异并及时采取措施，值得赞许。中国虽然有五十六个民族，但是汉族人口占绝大多数，在百分之九十以上，所以中国其实大多数都是民族单一的地区。人们在日常生活中很少接触到不一样的宗教文化生活，因而对各民族不同宗教的认识也只是停留在媒体报道上，对他们在生活中会出现的分歧不敏感，甚至对一些种族、宗教冲突也不理解。老师如果身处宗教文化比较复杂的地区，需要特别注意，有哪些禁忌。老师需要向有经验的老师了解情况，讨论可能会面对的问题以及解决的方法。国际汉语老师不仅要进行语言文流，同时要进行文化交流。身处这类地区，需要更有技巧地把中华文化与当地文化做适当的对比，尊重当地文化中的禁忌，做合理的尝试。

Chapter 6 第六章 文化教学与跨文化交际

案例52 中秋节与中国“圆”文化

王威威

教学地点 新加坡

教学对象 （1）年级：中学七年级

（2）国籍：英国、美国、加拿大、澳大利亚、印度、韩国、日本、新西兰、德国和巴基斯坦

（3）第一语言：多为英语

教学任务 （1）学生根据课文《月饼和梨》的图片讲故事，针对课文内容进行有关中秋节庆祝活动的小组讨论。

（2）学生学唱歌曲《一个月亮》。

案例正文

中秋节将至，在MYP七年级中文课堂上，学生们正在讨论关于中秋节的习俗。这些学生中文程度都在初级阶段，但他们大都知道嫦娥奔月的故事。我拿出《大苹果汉语》（Big Apple Chinese）的一篇课文《月饼和梨》，想让学生观察讨论，深挖一下中秋节的深层文化。

《月饼和梨》课文

我先提问学生，在图片中看到哪些关于中秋节的元素，学生回答“月饼、水果、月亮和灯笼”。之后，我让学生根据图片讲故事。有些程度较弱的学生，在图标的帮助下，很快也能讲出故事来了。故事讲完后，我给学生听歌曲《一个月亮》，很多学生听了两遍就自己会唱了。

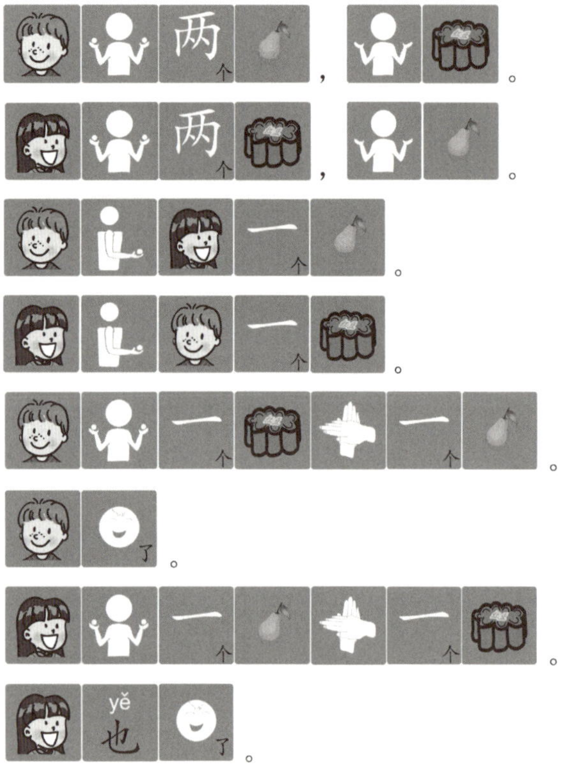

《月饼和梨》图标

歌曲《一个月亮》

课文内容结束后，我问学生中秋节有哪些庆祝方式。有的学生回答吃月饼，有的回答赏月，有的回答提灯笼，有的回答家人聚在一起。我觉得学生们的思路都是正确的，便让学生讨论，看看从这篇关于中秋节的课文中可以归纳总结出什么。

在小组讨论的环节中，有一个学生的总结让我觉得特别有意思。他说感觉中秋节有好多圆形的东西，问我是不是中国人特别喜欢圆形。显然这是个视觉感官特别棒的学生，他的问题也特别有趣，引起了其他同学的热烈回应。于是，在中国人是不是特别喜欢圆形的东西这个问题上，学生们又展开了新一轮讨论……

课后分析 / 解决方案

在汉语课堂上，学生经常会冒出一些有趣的问题，看到学生们都积极参与到讨论中来，我当即决定展开一节关于中国“圆”文化的讨论课。

我让学生先自己思考，中国人比较喜欢哪些圆形的东西，然后一起讨论总结。学生们踊跃回答，他们的答案五花八门，有月饼、圆形的饭桌、圆形拱门、灯笼、古铜钱、汤圆、包子、橘子、阴阳图等。我让每个小组从中选择一个具有代表性的东西，鼓励他们上网查资料，弄明白为什么这些东西是圆形的。学生们讨论得非常认真，最后总结出：圆形代表团圆、圆满。

学生们的理解力很强，搜索信息的能力也很强。以下是学生讨论的结果：

- 月饼和灯笼的最初形状就像八月十五的月亮，圆圆的，象征着家人团聚；
- 圆形饭桌便于家人聚在一起享用家宴，象征家人团圆；
- 汤圆甜甜圆圆的，也是象征了团圆、甜蜜；
- 古铜钱外圆内方，学生查到是中国古代科学对宇宙的认识“天圆地方”；
- 阴阳图，也能体现中国传统思想里面的能量守恒，统一、对立、互化的意思。

学生讨论很充分后，我就开始介绍关于“圆”的词语。中国人喜欢圆是显而易见的，出色完成任务是“圆满”，喜庆的日子要“团圆”，获取功名叫“圆梦”，体态丰腴美好的女子可以形容为“圆润”。

学生知道了关于“圆”的词语后，我让他们赏析配乐古诗——李白的《静夜思》，体会诗人在一轮圆月之下唤起的思乡之情，让学生感受中国人对团圆的期盼之情，感受古诗这种文学体裁的意境之美。

一节关于中秋节的课结束了，学生既有对语言的学习和练习，又通过对节日的讨论，进一步了解了中国文化。

延伸思考

以学生的兴趣为驱动，才能让课堂探究式学习更有动力。我觉得作为一位国际汉语老师，我们的任务不仅是要传递语言知识，更重要的是做一个文化的传播者。语言是文化的载体，有了文化的支撑语言才更灵动。所以在课堂教学中，要深度挖掘教材中的文化内容，通过语言教学扩展文化教学。通过文化来学习语言是个很有趣的方式，但这就要求老师掌控好方向，不能让学生偏题太远。学生的思维好比风筝，老师要拿好手里的那条线，在适度的范围内让学生自由发挥。

参考资料

1. 黄莹. 浅谈对外汉语教学与中国文化传播[J]. 中国电子商务，2014(5).
2.（美）柯雪润. 教汉语，教文化：美国幼儿园至八年级汉语及中国文化课程设计[M]. 北京大学出版社，2013.
3. 谭淑骞. 对外汉语教学对中国文化传播的影响与作用分析[J]. 青年文学家，2015(2).

专家点评

案例作者积极宣传中华文化的做法值得赞赏。抑扬顿挫的汉语发音，奇妙多变的汉字书写，带给学生的不只是表达工具，还有无比丰富的几千年文化底蕴。国际汉语老师们都会非常热情、自豪地向学生灌输这些内容，作者正是通过中秋月圆的现象，让学生了解到中华文化中对圆满生活的渴望。

案例中涉及的学生是国际文凭中学项目外语组语言水平最低的一档，他们能够用汉语进行如此深入的研究和讨论的确令人刮目相看。新加坡加拿大国际学校使用的“大苹果汉语”教学方法，可以进一步探讨研究。

案例53 亲属称谓，难不难？

刘晓敏

教学地点 文莱斯里巴加湾

教学对象 （1）年级：中学十一年级

（2）国籍：文莱

（3）第一语言：马来语

教学任务 （1）学生掌握主要家庭成员的中文名称。

（2）学生能列出自己的家庭树。

案例正文

今天本来对自己的教学状态自信满满，因为在进班前就已充分准备好了所需的教材、教具以及教案，但进班后才发现突发状况往往无法预想。在开始教《家庭》这一课前，我先分发了一些写着不同身份的字卡，安排学生根据课本中的人物关系排顺序，直观了解家庭成员之间的关系。学生拿到字卡时，发出了各种不同的声音，有的学生说“Who is this?”，有的说“我不要这个”，有的说“我喜欢那个”“我要换”“我不想玩”，也有一些学生默默接受老师安排的角色。

在维持好课堂秩序后，我就让学生根据家庭树的形式坐在一起。接着，我开始讲解每个人物在家庭中的身份。一些学生开始觉得无聊，纷纷问道：“老师，为什么还要分这么多名字，这么多身份？我们马来人不管表哥、表姐、堂弟、堂妹都叫‘sepupu’。”“奶奶还要分这么多，我们叫‘nenek’就好了。”“华人怎么这么麻烦？”“华人怎么能记得住这么多的名字？”这些问题让我反思，我们看似最基本的家庭关系，原来对马来学生来说还存在着很大的文化差异。

	马来语亲属称谓	汉语对应词语
1	Datuk	爷爷、外公
2	Nenek	奶奶、外婆
3	Bapa	爸爸
4	Ibu	妈妈
5	Abang	哥哥
6	Kakak	姐姐
7	Adik	弟弟、妹妹
8	Sepupu	堂兄弟姐妹、表兄弟姐妹
9	Anak	儿子、女儿
10	Cucu	孙子、孙女

马来语亲属称谓汉语对应表

课后分析 / 解决方案

案例中马来学生对汉语中大量存在的亲属关系词不能理解，其实这与中国传统的家庭观念有关。中国人自古以来重视姻亲和血缘关系，强调长幼有序、男女有别，称谓系统自然庞大繁杂。

学生对于称呼华人朋友的父母为“伯父、伯母”或“叔叔、阿姨”也感到十分费解，原因也是文化的差异。因为“伯父、伯母”在字典里的解释为父亲的哥哥及其妻子，是有血缘关系的。因此，汉语教学中，要注意向马来学生讲解亲属称谓所包含的思想文化。近年来，随着中国家庭结构的变化，亲属关系在社会生活中的作用逐渐减弱，亲属观念随之变淡，因此才会出现亲属称谓的泛化现象，即用亲属称谓语称呼非亲属的邻居、朋友或陌生人。

正如艾萨克·巴什维斯·辛格（Isaac Bashevis Singer）所说的那样：“每一种语言都包含其独特的真理。”在教学中可能会涉及不同的文化，往往不经意间就可能造成教学方法不合时宜，从而影响学生的学习成效。文化差异是教学的难点所在，要搞好国际汉语教学，承担教学任务的老师应该兼具本国文化与异国文化的双语言和双文化知识。

此外，老师必须要做到尊重每一个作为个体的学生，尊重每一个学生的信仰，切实体会学生的真实感受和内心想法，不能因为学生提出了不同的意见，或者是对于中华文化表示出不理解，就对学生粗暴施加压力，将自己的情感和观点强加给学生。老师只有做到充分尊重学生，才能够加强双方的沟通和理解，才能够促进跨文化交际。

每个人都是从自身文化的角度来看待世界的，都是其文化背景的产物。在母国文化的影响和熏陶下，每个人对待性别、年龄、种族、家庭、宗教、职业等方面的观点都有自身文化的烙印。因此，我们应该全面地思考各国家各民族的文化特性，客观地看待各国文化的各个要素在个人发展中起到的正负面作用，了解文化中的核心价值。例如在文莱的交际礼节上，友族男子之间见面时握手，但不能与穆斯林女性握手；互相介绍时，先向女子介绍男子，向年长者介绍年幼者，向地位高者介绍地位低者；在宴会上如果不认识邻坐的女子，应请主人做介绍。此外，在社会结构的姓名学中，马来人的姓名十分特别，通常没有固定的姓氏，而只有本人的名字。儿子以父亲的名字作姓，父亲的姓则又是祖父的名，所以一家几代人的姓各不相同。他们的姓名中，名排在前，姓排在后。了解文化差异，承认文化差异，客观看待文化差异才是教学的可取之道。

延伸思考

在文莱，汉语相较于其他第二语言，影响较弱。老师在课堂上的传统教学只会让学生对本来就不易的汉语课产生厌学情绪。因此，老师在教导友族学生时，必须提前准备道具、设计好活动，让学生能开心上课、愉快学习。此外，由于语言以及文化的差异，老师必须付出更多的耐心来解决因文化差异而造成的学生语言习得过程中所遇到的难处。就如案例中的家庭树，华裔同学觉得看似简单的称呼，在友族同学眼中却显得尤为复杂。学生认为了解庞杂的亲族关系有一定的难度，老师适当解释并组织一些有趣的教学活动可以帮助学生更容易理解。

参考资料

1. 程棠. 对外汉语教学目的原则方法[M]. 北京：华语教学出版社，2000.
2. 朱勇. 国际汉语教学案例与分析[M]. 北京：高等教育出版社，2013.
3. 刘颂浩. 跨文化交际问题[J]. 语言教学与研究，2003(2).

专家点评

案例主要集中谈论国际汉语老师怎么处理教学中的文化差异问题。国际汉语老师在语言课堂上，不仅要教导外国人学习汉语，同时还要教导中国文化。而最有效的学习方法之一就是对不同的语言以及不同的文化做比较，找出异同，相互包容理解，以达到社会共融，这就是学习他国语言和他国文化的真正目的。

使用相同语言而生活在不同地域的人都有文化差异，更何况说不同语言生活在不同地域的人。正如作者强调，就亲属称谓教学问题，只要方法合适，例如尊重学习者的宗教及个体文化，学生们都会接受不同文化的差异，基本上不会发生情绪问题。特别是十一年级的中学生，他们可以理解称谓就像每个人有不同的名字，有差异是非常正常的。

最后，值得强调的是由于独生子女政策实行了三十多年，当代中国家庭结构已经发生了巨大的变化，普通家庭里很难有很复杂的家庭关系了。

案例54 中国传统文化——生肖

吴婧婧

教学地点 新加坡

教学对象 （1）年级：小学四年级

（2）国籍：意大利

（3）第一语言：意大利语

教学任务 （1）学生能够认识中国的生肖。

（2）学生能够认识并用中文说出几个动物的词语。

案例正文

我的学生是个混血儿，爸爸是新加坡华人，妈妈是意大利人，从小在意大利长大。

今天要教他十二生肖，里面有各种动物让他很感兴趣。按照提前准备的教学方案，我先解释“生肖”的意思，然后按照十二生肖的顺序依次讲解并展示图片给他看，最后我会跟他一起练习发音和书写。

当说到“猪”时，我无意识地说了一句：“在很多中国人眼中，猪是又懒又笨的动物。”当时正在抄写的他突然对我说：“老师，爸爸说我是猪。”我愣了一下，赶紧说道：“才不是呢，猪又笨又脏的，你那么聪明，你不是猪。”可是，他看着我，斩钉截铁地说：“不对，我是猪，爸爸也是猪，外公也是猪。是真的，爸爸说我是猪！”这时，我突然明白他的意思，他和他的爸爸、外公都是属猪的。我很懊悔自己说猪是又懒又笨的动物，而且居然在备课时忘记想一想这个学生的属相。于是我赶紧圆场，问他：“你喜欢猪吗？”他说，他喜欢猪，因为妈妈告诉他，猪是很懒的，但是懒人很聪明，而且很多懒人很有creativity（创造力）。这回轮到我一头雾水了。

上完课后，我赶紧上网查了一下相关资料，果真在很多国家，他们并不认为猪很笨，相反他们认为懒人多具有创造力和爆发力。

课后分析 / 解决方案

这个案例很显然属于跨文化交际的问题。在教授语言的过程中，由于文化方面的差异，学生经常会提一些有关中国文化的问题。如果汉语老师能够很好地运用中国文化来帮助汉语教学，效果一定非常可喜。但在这个案例中，我没有提前预设这样的问题，而且错失了一次利用文化知识提高学生学习汉语兴趣的机会。

首先，我虽然课前有备课，但备课部分不应只是针对教材内容，还应考虑到学生的信息，比如学生的年龄和家庭背景。如果能提前知道学生的生肖，并分析一下该生肖的优点，或者找一些有关该生肖的剪纸或吉祥话等等，不仅能吸引学生的注意力，更能激发学生学习的主动性。因此我在备课时，也应该把学生的情况设计到教案中，设计一些有趣的教学环节，比如请学生说一说身边的人的出生年月，并帮他们查出各自的生肖。此外，也可以考虑让学生跟父母讲一讲十二生肖的故事，这样不光是学汉语，同时也能让学生亲自体验中国文化。

其次，我无意识地说到猪又笨又懒，这样的做法非常不可取。因为在中国传统文化中对动物存在某些偏好，对不同的动物赋予了不同的文化特征。这在一些成语中就有体现，比如狐假虎威、狼心狗肺、鼠目寸光等等。但是对于很多外国人来说，他们对各种动物的看法与中国人存在很大的差异。因此，在汉语教学中，尽量不要把自己的思维定式带进课堂，以免出现类似上文中的尴尬。

最后，学生提到他喜欢猪，而且他的妈妈告诉他懒人很有创造力，这其实是化解尴尬的一个好机会。我可以借此稍稍与学生讨论一下这个生肖都有哪些良好品性，以此转移学生的注意力，同时也可以借此鼓励学生他的这一属相具有创造力，在学习时总能有意想不到的点子出现。

延伸思考

语言与文化其实是很难分开的，两者相互依存并相辅相成。如果可以恰当地运用中国传统文化进行汉语教学，不仅能增加课堂的趣味性，也能帮助学生更好地理解相关的汉语知识，同时也能传播中华文化。但需要注意的是，在提到相关文化时，一定不可强行要求学生产生共鸣。也就是说，可能我们认为这个文化很有趣，而且很欣赏它美的一面，但如果学生无法达到同样的感受，老师不应非要学生喜欢或者欣赏。我们作为汉语知识的教授者和中华文化的传播者，让学生喜欢学汉语是最重要的，硬逼只能适得其反。

参考资料

1. 毕继万. 跨文化交际与第二语言教学[M]. 北京：北京语言大学出版社，2009.

2. 高剑华. 对外汉语教学中的跨文化意识[J]. 教育科学, 2007(5).
3. 胡文仲. 跨文化交际学概论[M]. 北京: 外语教学与研究出版社, 1999.
4. 莫爱屏, 莫凡. 跨文化交际教程[M]. 北京: 北京大学出版社, 2016.
5. 王学松. 面向第二语言教学的中华文化与跨文化传播研究[M]. 北京: 北京师范大学出版社, 2014.
6. 吴仁甫. 对外汉语一对一个别教授研究[M]. 北京: 中国社会科学出版社, 2002.

专家点评

案例中的学生应该不是第一次接触中国的生肖，因为他至少知道自己和两位亲人的属相。至于辅导老师提到该学生属相的负面形象，即猪又笨又懒又脏，则反映出教学经验不足。在西方学校的课堂上，如无必要，通常不会对个体做出负面评价，特别是当被评价的个体在场的时候。

案例作者展示了一些处理尴尬情境的能力，比如能够意识到自己的话可能冒犯学生，并且很快转移话题，扭转不利局面。其实学生已经知道猪的负面形象，因为“妈妈告诉他，猪是很懒的，但是懒人很聪明”（引自案例正文）。所以学生听到老师对猪的评价，不至于感到不快，老师的担心也许有些多余。当然，案例的“课后分析”部分提出了一些必要的论点，如充分备课的必要性，特别是跨文化的不同观念和认识，都必须有所了解。

案例55 中国剪纸工艺与圣诞树

杨 春

教学地点 美国肯塔基州

教学对象 （1）年级：小学三至五年级

（2）国籍：美国

（3）第一语言：英语

教学任务 学生学习用中国的剪纸工艺制作圣诞树。

案例正文

我在位于美国南部肯塔基州的Simmons小学教授汉语。这个州位于美国有名的Bible Belt（圣经地带），民风淳朴，较为保守，绝大部分居民是基督徒，信仰坚定且虔诚。有些家长对于孩子学习汉语持怀疑甚至不支持的态度，孩子们有时候会告诉我，他们的家长不在乎他们是否学汉语。这让我很头疼，因为家长的支持很重要，他们的态度直接影响孩子们对中文老师的尊敬程度以及对课程的兴趣程度。如何把他们吸引进来成为我一直思考的问题。

对于自己制作的圣诞树，孩子们很兴奋，也很自豪。

转眼圣诞节来了，我决定教学生用中国的剪纸工艺来制作圣诞树。由于教授的对象是小学生，内容不可太复杂，因此就让每个学生制作一棵小的圣诞树，然后涂上颜色，再将全班学生制作的树贴在一起，制成一棵大的圣诞树。我自己剪了“圣诞快乐”的双语字符以及一幅精美的剪纸作品，并将英文版的剪纸工艺简要介绍贴在树旁。这棵圣诞树展示在楼道中，不仅得到了校长、老师们的认可，而且让前来观看圣诞演出的家长们也惊喜不已。顺着这个思路，我在第二年的万圣节和学生共同用折纸工艺制作了南瓜。

折纸可以做南瓜，How amazing!

课后分析 / 解决方案

在美国教授中文时，虽然大部分家长是支持中文教学以及中文相关项目的，但是仍然会碰到一些家长心存疑虑，或对中国持有偏见。如何打消这种疑虑和偏见，虽不是汉语老师的工作范畴，但是美国公立教育系统的运行机制以及基础教育的现状决定了家长支持至关重要。因此在文化展示环节，不能只考虑展示中国博大精深、丰富多彩的文化，还要显示出对他们文化和习俗的尊重与理解，即选择中国文化艺术载体巧妙展示他们熟悉的话题，本案例中教导学生用中国传统剪纸工艺制作圣诞树、用折纸制作南瓜就是很不错的尝试。这样一种文化自信的态度，能够很容易赢得家长的好感，让他们持续支持和鼓励自己的孩子学习中文，了解更多的中国文化。

此外，在实际的教学过程中，还要注意针对不同的教学对象，对介绍的文化形式进行创新，使之“接地气”。这样既能让学生体会到所学的艺术形式，了解到其中的内涵，又不会让学生望而却步，产生畏难情绪。打好文化传播的组合拳，不仅需要我们自己不断地学习中华才艺，多了解授课国家的宗教、文化和风土民情，还要在日常的生活中做一个有心人，注意素材的收集整理，这样才能在实际教学中举重若轻，举一反三。

延伸思考

在国际汉语教学中融入文化教学是十分必要的，它有利于促进语言和文化之间积极地交流和互动，有利于学生更好地理解中国的文化，提升学习中文的兴趣。目前教学中，我感到对文化教学的重视还不够，文化题材更多取决于任课老师的兴趣爱好和个人选择，尚没有形成完整规范的教材和传播方式。此外，文化教学过程中更多的是选择中国文化中最浅层的文化器具、文化符号，实践中主要以文化体验的方式开展，没有与学生真正互动起来。如何创造性地开展创意文化传播，例如如何大胆地将他国文化与中国的传统艺术相结合，通过动漫、多媒体、网络等在线平台传播，提升学生及非学生群体的兴趣，是当前所有国际汉语教学工作者面临的大问题。

参考资料

1. 王强，刘丽丽. 试论文化传播在对外汉语教学中的作用[J]. 沈阳建筑大学学报（社会科学版），2010(1).
2. 肖仕琼. 跨文化视域下的外语教学[M]. 广州：暨南大学出版社，2010.
3. 张文平. 汉语文化教学与传统文化传承研究[M]. 南京：江苏凤凰美术出版社，2019.
4. 肯塔基大学孔子学院PD材料汇编

专家点评

作为一位新老师，能够清楚地意识到家长的态度对于学生学习汉语的成效起到重要作用，说明这位老师观察敏锐，充分了解了当地的教学情况，同时积极主动寻找解决方案，值得赞许。

通过文化的学习进一步渗透语言学习，使二者相辅相成，也值得肯定。同时这位老师能把当地的节日与中国文化相结合，把剪纸等中国传统手工融入学生们熟悉的圣诞节和万圣节庆祝活动中，使得学生们觉得这些异国文化易于接受，做到了跨文化的交际与融合。

中文学习在国外不少地方都是刚刚起步，汉语课仅是多门语言课程之一。中文老师需要克服很多意想不到的阻碍，面对来自各方面的压力，这就需要老师积极与学校合作，争取当地孔子学院的帮助，才能进一步扩大中文的影响。

最后需要注意的是，教授中国文化不应该仅仅停留在中国传统手工等趋于符号式的表象上，应该多注重更深层次的民族性格、思维观念以及行为方式的文化异同。

案例56 马可·波罗与葱油饼

孙移山

教学地点 加拿大

教学对象 （1）年级：孔子学院成人班

（2）国籍：意大利

（3）第一语言：意大利语

教学任务 拉近与外籍学生的距离，消除文化隔阂。

案例正文

在加拿大埃德蒙顿孔子学院的2015级汉语成人班上，我的学员中有一位意大利裔的老先生，他给自己取了一个中文名字——雷德明。老先生是一位经历丰富的商界精英，学习汉语及体验中国文化是其晚年生活的一大爱好。他曾几次到访中国，热爱中国传统美食。几次汉语课之后，我们渐渐熟了，老先生便热情地约我一起聚餐交流。

这位热爱家乡的老先生特意选了一家意大利风格的餐厅。几句寒暄过后，我们却陷入了短暂的沉默，一时找不到话题。当一份香喷喷的披萨端上桌之后，他笑着问道："孙老师，你知道披萨与中国的故事吗？"我当时被问住了，因为此前我一直以为披萨就是起源于意大利的美食。

老先生就此打开了话匣子。原来，他的故乡有一位与中国密切相关的名人——马可·波罗。那一段遥远的东西方文化交流史立刻引发了我们的兴趣与共鸣。故事中的马可·波罗旅居中国时，喜爱北方的葱油饼，回到家乡后更是念念不忘，但做了半天也不知道如何把馅料放入揉好的面团中。有一次，他将馅料放在面饼之上，然后烘烤面饼。错有错招，这种新式"葱油饼"配上那不勒斯的乳酪和食材，就创造出了口味独特的"披萨"，非常受欢迎。

老先生讲得兴高采烈，我也听得津津有味。看得出，他很开心遇到一个有中国文化背景的听众，谈话的气氛随之变得轻松愉快。马可·波罗、葱油饼与披萨的渊源迅速拉近了我们的心理距离，瞬间消除了文化隔阂。

课后分析 / 解决方案

在海外汉语教学与文化推广的实践活动中，跨文化交际现象是不能回避的焦点问题之一。由于对外汉语老师与教学对象在文化取向、价值观念、思维方式、社会规范等方面都可能存在各种差异，在进行跨文化交际时，文化碰撞、交际失误常常是难以避免的。

解决问题的途径在哪里？依据我的体验与观察，应当以寻求共性、引发共鸣为基本原则，积极探讨双方感兴趣的共同话题，在本土文化与异国文化中寻求相互调适与动态平衡的媒介，求同存异，这样就可以避免畏缩情绪和刻板形象，增加交流的灵活性，建立彼此间的信任感，创造轻松愉快的交流氛围。在上述案例中，葱油饼与披萨的故事就成为一次跨文化交流的桥梁与纽带，为一位来自中国的国际汉语老师与一名意大利裔学员开启了友谊之门。

我在加拿大、新西兰等地任教时，接触过的学生来自世界各地，分属不同肤色、不同阶层、不同学历，他们中的大多数其实对当今中国了解不多。唯一的共同点是，这些外国人几乎都看过中国的功夫片，熟悉李小龙（Bruce Lee）和成龙（Jackie Chan）。一个值得关注的文化现象是，从李小龙开始，中国功夫片成为全球化时代的东方文化的代表。李小龙和成龙将功夫电影推向民族精神的高度，他们在荧幕上的精彩表现将中国武术乃至中华文化推向全世界，是中国人走向全世界的名片。也正因为中国的功夫片及功夫明星受到世界各国观众的理解和喜爱，我就经常以此为跨文化交际的开端，向外国学生介绍中国功夫和功夫电影。这么做有利于双方交往时迅速找到彼此感兴趣的话题，缩小文化差异，为增进友谊奠定基础。当外国学生们兴致勃勃地谈论中国功夫时，对华人功夫明星表现出赞叹与喜爱时，身为中国人的我，自豪感也油然而生。

“越是民族的，就越是世界的。”我们的传统文化博大精深、源远流长，除了功夫电影，中国菜、中国茶、国宝熊猫、长城、兵马俑等也是在世界范围内享有盛誉的中国文化符号，为我们的跨文化交际提供了丰富多彩的资源宝库。只要我们学会理解和接受对方文化的交际原则、思维方式和价值观念，以平等、友好的态度对待对方文化，努力理解与适应对方文化，就能取得更多的文化认同。

延伸思考

语言和文化有着密不可分的关系。语言是文化的重要载体，是文化的一个重要组成部分。在汉语教学中，语言间的文化差异不容忽视。以词语为例，英汉语言中有很多关于色彩的词汇，在视觉和心理上所引发的联想和象征意义不尽相同。在翻译古典文学名著《红楼梦》时，英国翻译家David Hawkes认为书中的红色对汉语文化的读者而言，表示喜庆、幸福、吉祥，但在英语国家的人眼中，绿色和金黄色具有类似的联想意义，而红色则意味着流血、危险或暴力。

此外，龙是中华民族的图腾，一直是正面的形象，中国人自称龙的传人，“龙吟凤鸣、龙腾虎跃、真龙天子、望子成龙”等都是带有褒义色彩的词语。而在西方人的眼中，dragon（龙）是一种生性凶残、会吐火伤人的怪物，意味着罪恶和怪异。

如果忽视中西方文化的差异，就可能造成文化误解与沟通障碍。从另一方面来说，这些文化差异现象本身也是交际双方感兴趣的话题，同时为跨文化交际提供了有价值、有意义的素材。正视东西方文化的差异，培养对跨文化交际的敏感性，避免出现交际误区，便可以提高跨文化交际的能力，从而成为跨文化交际的成功者。

参考资料

1. 陈国明．跨文化交际学[M]．上海：华东师范大学出版社，2009.
2. 郝瑞英．求同存异——顺利实现跨文化交际的基本原则[J]．无锡商业职业技术学院学报，2009(6).
3. 田双艳，张金霞．浅析龙与dragon的文化差异[J]．北方文学旬刊，2012(6).
4. 徐湘平．从英汉颜色词透视中西方文化差异[J]．怀化学院学报，2007(3).

专家点评

案例作者有幸成为一位有丰富生活经验的老者的汉语老师，在教学过程中受到这位老者的启发，学会面对文化差异之时如何求同存异，相互包容。

美食似乎是一个非常容易消除文化差异的媒介。案例中老者巧妙地把披萨与中国北方的葱油饼以及马可·波罗在中国的经历紧密联系在一起，不管这个故事是否真实，都是一个有趣的轶事。

的确，现在很多西方人认识中国是通过功夫电影和中国城里的中国餐馆，一些中国老师向外传播中国文化时常常局限于长城、熊猫等这些表面符号，作为新一代国际汉语老师应该更加注重挖掘文化表象之下隐含的文化内涵，深层次地了解彼此的文化差异。像这位老者一样，巧妙地把生活中的不同体验结合在一起，这种方式值得我们进一步探讨。最后在“延伸思考”中，作者从汉语教学角度再次强调跨文化交际的重要性，以避免出现交际误区。

案例57 我的中文名字

常春风

教学地点 新西兰奥克兰市

教学对象 （1）年级：中学七、八年级

（2）国籍：新西兰

（3）第一语言：英语

教学任务 为学生取一个他们喜欢的中文名字。

案例正文

今天是第一次课，心情既激动又紧张，想着怎样才能让孩子们喜欢汉语课。一上课，我简单介绍过自己后，便开始问他们对中国或者汉语了解多少。孩子们七嘴八舌说了一堆，最后一个学生问我："我能有一个中文名字吗？我的英文名字叫Luke。"我回答说："那你的中文名字，可以叫'卢克'。'卢'是中国的一个姓，'克'是你的名字，意思是'可以战胜一切'，在汉语中有很好的寓意。"他似乎对这个名字很满意，很高兴地重复着。

最初的几节课，总会有学生拿着自己的英文名字让我给他们起中文名字，并让我解释这些名字的意思。在他们的认识中，每一个英语单词都有对应的汉语词语，所以他们的姓名肯定也不例外。对于简单的英语名字，我可以直接音译，写下对应的汉字给他们。如Mark—马克、Alice—爱丽丝，这些中文名字的含义很容易向学生解释，他们也会欣然接受。但是有些英文名字，比如 Charlotte、Ahmed、Patrick、Mahek、Linwood 等，直接音译会非常奇怪或很难听。很多学生都很在意自己的英文名字读音有没有完全和中文名字的读音对应，自己的中文名字是不是有很好的含义，甚至有学生问我："为什么我的中文名字没有他的好听？"这时我就会感到很尴尬……

对于刚接触汉语作为二语的学习者来说，神秘的汉字可能是他们最感兴趣的，所以拥有一个属于自己的独特的中文名字，可能是他们认为学习汉语的真正开始。

英文名字	中文名字	寓意
Luke	卢克	“克”表示克服一切困难，坚强。
Elisa	爱丽莎	“丽莎”表示美丽。
Keynes	凯恩	懂得爱和感恩的意思。
Jeff	杰夫	杰出、优秀的意思。

我为学生取的中文名字及其寓意

为了消除学生们对“取名”这件事的误会或不愉快，我向他们细致地介绍了中西方名字的差异，最后根据中国人取名的方法，结合他们各自的性格特点、英文名字等，为他们都取了一个属于自己的中文名字。这样一方面不会让他们再单纯地认为中西方的名字是一样的，另一方面也提高了他们想要继续探索汉字和了解中国文化的热情。

课后分析 / 解决方案

在此案例中，我原本是想向学习者介绍中国文化或者汉语知识，但孩子们想拥有一个中文名字的想法，打破了原有的课堂节奏。面对这种情况，我只好临时改变教学计划。但面对学生对自己的名字充满质疑或不满时，我略有尴尬。

随后，为了满足孩子们对中文姓名的好奇心，我细致地介绍了中西方名字的文化、中国人取名字的方式等。学生们在了解了这些知识后，也消除了心中的困惑，对中国文化更加充满好奇和兴趣。

中国的姓和名有很久远的历史，对中国人来说，取名是一件非常重大的事，关系着人一生的命运。从这点来看，中西方人几乎差不多，都比较注重名字在自己文化里的寓意，但文化内涵大有不同。中国人的名字是由姓和名构成，姓在前，名在后，即“重姓轻名”，这与中国传统文化中重视宗族伦理关系有关。人们在取名时，在意义上和形式上都有讲究，注重用字内涵，而且男女有别。西方人的名字一般也是由姓和名两部分组成，但却是名在前，姓在后，排列次序恰好与中国相反。西方人取名也看重寓意，但也有不同之处，如以父母亲朋的名字为名，以名人、神话传说中的神祇为名等。

国际汉语教学不仅是第二语言的教学，也是一种与学习者的跨文化交际。文化差异必然会反映在国际汉语教学上，有时跨文化交际的问题会更多地影响学习者或汉语老师。面对不同文化背景的学生，我们应学会采用巧妙的方法去解决一些文化差异问题，否则就会陷于尴尬的境地。同时，文化教学也是帮助学习者提升学习热情的重要部分。

延伸思考

在新西兰的中小学，汉语课都是作为选修课开设的，每周只有一节课。面对有限的课时，课堂教学最重要的就是培养学生对汉语的兴趣，而文化是激发学习兴趣的最好方式之一。对于初级汉语学习者，我们应思考如何合理分配语言教学和文化教学的时间；如何巧妙地利用汉语和英语中的文化差异，激发学生的学习兴趣；面对文化差异或冲突时，该如何正确解释或化解矛盾。上述都是我们应当具备的教学能力。

参考资料

1. 马维光. 化解课堂尴尬场面的技巧[J]. 英语老师，2008(8).
2. 邹丽娜. 中西方姓名文化的比较[J]. 文学教育，2011(11).

专家点评

该案例的题目是“我的中文名字”，但其实质是老师如何掌控学生心理以及如何处理文化碰撞产生的问题。初中生初次接触汉语时，如果老师只是简单应付一个陌生的名字给他们，不是每个十几岁的孩子都能欣然接受的。他们觉得自己的中文名字奇怪、难听，大多是因为新名与本名相去甚远，发音困难，含义难懂。遇到这种尴尬局面，作者没有退却，而是想出各种办法，讲解中国人取名的文化和规则，让学生产生新奇感，同时小有收获，拿到自己的中文名字。

七、八年级的初中生已经稍有思想，选修中文课的目的不尽一致，对中华文化的看法也千差万别。名字属于每个独立的个体，可以说是个敏感、复杂甚至神圣的事情。对于好奇心强、愿意身体力行地了解中华文化的学生来说，取个中文名字有利于在学习初期进入角色。是否全班每个人都需要一个中文名字，则是一个可以探讨的问题。

案例58 餐桌礼仪初体验

钱 召

教学地点 新加坡

教学对象 （1）年级：中学七年级

（2）国籍：美国、澳大利亚、俄罗斯、印度尼西亚、印度和新加坡等

（3）第一语言：多为英语

教学任务 介绍中国的餐桌礼仪。

案例正文

八月某一节课，七年级外语班的教学主题是外出用餐。为了让学生了解中国的餐桌礼仪，我给学生播放了一个专门介绍中国餐桌礼仪的短片。短片介绍道：中国人很热情好客，主人为了表示热情，会不停地劝客人多吃一点儿。如果是特别亲密的客人，主人甚至会给客人夹菜，这时客人通常要友好地接受，并表示感谢。即使遇到自己不喜欢吃的菜，客人也不会拒绝，放到盘子一边就可以了。

看完短片后，班里好像炸开了锅一样，学生们开始七嘴八舌地议论起来。于是，我就让学生发表自己的看法。有学生不理解主人夹的菜他不喜欢吃，为什么不可以拒绝；有学生觉得这样的做法很恶心，因为筷子上有别人的口水；还有一个学生说，如果你夹菜给客人吃，客人吃太多，会变得很胖，那样他会生病的。学生们觉得中国人的餐桌礼仪很奇怪，交流时情绪非常激动，我就等学生安静下来，向学生们解释以前中国人喜欢围着一张圆桌吃饭，共同夹一个盘子里的菜，但是现在一般都会有公用的筷子，所以还是比较干净卫生的。而主人给客人夹菜，是希望客人能够吃好喝好，以表示自己的关心，这是中国的礼节。因为以前比较穷的时候，人多菜少，特别是肉很少。主人怕客人拘束讲礼，吃不饱，就主动夹菜给客人。但是学生对我的回答似乎不太满意。

课后分析 / 解决方案

在教授饮食这一话题时，顺带介绍中国的饮食习惯，这一做法是值得借鉴的。因为语言的学习离不开文化，文化的学习能够促进语言的学习。但是，在教学中有以下几点需要注意。

首先，课前预设。老师在教授中国餐桌礼仪时，应该考虑到中西方在餐桌礼仪方面的差异，比如座次安排、上菜顺序、餐具、用餐的禁忌等。尤其是对于从来没有去过中国的学生来说，老师应该预测到学生很可能不认同或不接受中国的餐桌礼仪。因此，老师在备课时应考虑到学生的母国文化与社会背景，课前预设可能会出现的问题，并准备好相应的解决方案，比如学生可能会问为什么中国人喜欢用筷子，而不用刀叉。

其次，课前要做足准备。老师在教授此类话题之前，一定要去查找资料了解中国餐桌礼仪背后所蕴含的文化、性格、观念等。比如：中国的餐桌设计成圆形，便于交流，体现了中国人注重家庭的团圆与和睦之意。另外，中国的餐位顺序的安排体现出了集体主义文化中“贬己尊他”的思想，同时也蕴含了中国人讲究长幼尊卑的观念。这样解释才能说服学生，让学生在心理上对中国文化产生认同感。除了熟知中国文化，老师还要了解一些学生自己国家的餐桌礼仪及其背后的原因，比如西餐礼仪背后的价值观是个人主义，注重个性的张扬。在实际教学中，我只是简单解释原因，没有谈及餐桌礼仪背后的观念，因而不能使学生信服。

再次，课上要加以引导。学生能积极讨论，说明对这个话题非常感兴趣。老师应该鼓励，并抓住机会适时讲解学生所在国家的礼仪与中国的异同。而当学生对中国文化产生疑问和异议时，老师不应斥责或批评，即使有些学生因为文化的差异而产生一些偏激的认识，老师也要保持冷静，根据自己的专业知识分析产生差异的原因，并耐心向学生解释文化背后的价值观、社会理念和传统美德。如果老师只是以自我为中心的态度看待文化差异，可能会导致学生反感、厌恶甚至抵触、排斥。除此之外，优秀的汉语老师也应注重培养学生的跨文化交际意识，告诉学生世界是多元的，我们应该互相尊重、互相了解，尽量向彼此的文化取向靠拢，降低发生文化误解或抵触的可能性。

最后，在文化教学时，老师可以采用多样化的教学形式，让学生主动去探究中国的餐桌礼仪。最好能采用以学生为中心的教学形式，让学生在主动学习的过程中深入了解中餐礼仪。比如：可以通过设计海报、小组作业、口头报告、问答会和制作有声短片等形式来介绍中国餐桌礼仪。以小组作业为例子，可以让学生采访中国人，以了解他们的餐桌礼仪。另外，也可以通过角色扮演让学生模仿并体验中国人是怎样用餐的，这样能够加深学生对餐桌礼仪的理解。如果可以带学生进入目的语的环境中进行文化体验，学生能够身临其境地感受中国文化与习俗的魅力，教学效果更佳。学生主动去探究中国文化，不但能减少老师主动教授文化所带来的文化冲突，而且还能培养学生对中国文化的好奇心，从而激发学生对汉语学习的兴趣。如果只是填鸭式地照书本讲内容，会让学生觉得沉闷，感觉像是在说教。这样一来，学生在心理上也是很难产生认同感的。

延伸思考

老师在跨文化环境下进行文化教学，需具备以下三项能力。

首先，老师要培养自身的跨文化交际意识。老师要清楚地知道中国文化、习俗、观念以及产生的原因；了解一些别国文化的特点以及形成的原因；要尊重不同文化不同行为，具有多元文化意识。在平时的生活中，老师要自觉比较中外文化的主要异同，并应用于教学实践。比如老师可以观看一些电影、电视剧、纪录片等，了解文化异同。若有条件，老师也可以翻阅相关的跨文化交际书籍，来进一步探究文化背后的原因。

其次，老师要具有发现、联系、解释和评价各种跨文化因素的能力。因为在汉语教学中，学生随时都会对所学的文化产生质疑或者看法。老师要能够发现文化差异，联系学生的文化背景，给出合理的解释，不能搪塞或者敷衍过去，否则难以使学生信服。比如：当学习看医生，谈及看中医、吃中药的话题时，可能有的学生会觉得中医、中药都是迷信、骗人的。当老师发现这一文化冲突时，应该联系到大部分学生可能都是认可西医，而不了解中医的。老师可以通过播放相关的短片，介绍中医的原理及其功效，解释其中的文化内涵。对于年龄稍大的学生，可以通过中西医的对比，来加深学生对于中医的了解与认识。

最后，老师须根据学生的文化背景和特点选择恰当的教学策略。对于国际学校的学生，尤其是欧美学生，如果汉语课中的文化教学是采用传统的老师讲学生听的授课形式，必然会造成学生失去学习的兴趣。老师应该采用以学生为中心的教学策略，比如：可以通过模拟采访、制作海报或视频、小组表演等活动，让学生主动去探索中国文化与习俗。在讲解农历新年这一主题时，我安排了一个专题作业给我高一的学生（主要是新加坡籍学生）。

学生以四人为一组，可以任意选择一个话题作为研究主题：

1. 比较母国与中国庆祝农历新年的异同
2. 比较年轻人与长辈庆祝农历新年的异同
3. 比较华人庆祝农历新年与西方人庆祝圣诞节的异同
4. 比较现在与二十年前庆祝农历新年的异同

学生必须进行个人访谈和问卷调查，最终以简报的形式在班里做口头报告。在报告结束后，其他同学会根据报告的内容进行提问。通过这个专题作业，学生能了解到农历新年的相关文化。

参考资料

1. 高剑华. 对外汉语教学中的跨文化意识[J]. 教育科学, 2007(5).
2. 张亚红. 中西方饮食文化差异以及餐桌礼仪的对比[J]. 边疆经济与文化, 2009(4).
3. 祖晓梅. 国际汉语老师与跨文化交际. 世界汉语教学学会, 2016.

专家点评

饮食文化是最受学生们欢迎的话题之一，因此每当教授这个主题时，学生们的积极性都会很高。

该案例讲述了老师介绍中国餐桌礼仪时学生们出现的负面反应。在十二三岁的初中生课堂上有时会发生这种情况。老师在有所准备的情况下，做好铺垫与安排，就能顺利地实现预想结果。如果最后安排一个校外研习活动，例如到中国餐馆点餐，到一个中国人家里做客，或者带学生到学校食堂做中国菜，孩子们的学习热情会更高。

案例作者设计了一个很好的热身活动。通过视频短片，学生们可以看到主人与客人之间的互动，以及他们的反应，能够马上联想到自己，并且能给出自己的看法，充分体现科技融入教学的优势。

另外，案例作者根据学生的负面反应进行客观分析，并说明了需要注意的几点问题，这一做法值得赞许，因为以汉语为母语的老师们，非常容易忽略这些文化差异中的小细节，作者的提示都非常有建设性。

案例59 有趣的快板儿和篆刻

荀文娟

教学地点 泰国曼谷

教学对象 （1）年级：中学八年级

（2）国籍：泰国

（3）第一语言：泰语

教学任务 （1）学生能够有节奏地吟诵古诗《春晓》《悯农》和《静夜思》。

（2）提高学生的汉字书写能力。

案例正文

为了让这群可爱的泰国学生更加了解中国文化，我用生动的图片和动漫讲解了中国古诗《春晓》《悯农》和《静夜思》。诗文的内容和表达的思想感情学生应该是理解的，但在吟诵这三首诗的时候，表现得很不积极。于是，我先领学生一句句读，再让他们跟着视频朗诵，还组织了小组朗诵竞赛。

在学生抄写的古诗作业中，我发现总是出现字体结构混乱的问题。相较于泰国的音位文字，汉字方方正正，一撇一捺之间都有用笔轻重的变化。为了增强学生们学习汉字的兴趣，提高汉字书写能力，我将中国书法（楷书字体）引入课堂教学当中。但是，时间久了还是有学生觉得汉字太难，或者因为进步很慢而渐渐失去兴趣。

课后分析 / 解决方案

古诗课后，我对学生们的课堂表现不甚满意：第一，读音不够标准，带有口音；第二，古诗韵律节奏把握得不好；第三，对于中国古诗的兴趣爱好还有待提高。课后反馈中，我了解到学生们觉得吟诵古诗太难了，而且很枯燥没有意思。加上汉语和泰语两种语言的韵律节奏不同，他们难以适应中国古诗的韵律节奏。

针对吟诵诗歌的问题，主要解决方案就是让学生感受汉语的韵律美。而快板儿艺术作为中国曲艺表演中的重要种类，是集汉语韵律与音乐节奏于一体的独特文化精品。于是，我决定举办一次“快板儿汉语”活动，将独特的文艺形式与说汉语相结合，增强汉语学习的趣味性和多样性。

学生于课间练习说打快板儿。

看到展示的竹板儿后，学生们有了动手一试的冲动，于是便拿起这奇怪的“玩意儿”摇起来。我让学生们观看了轻松愉快的快板儿表演节目《夸爸爸》，并手把手教他们怎么拿快板儿、打快板儿。很快大家就可以打出快板儿的基础点、单点、双点和混合点几个节拍，能够“识板点、掌板式、明节奏”了。随后，我准备了《春晓》《悯农》《静夜思》以及一些绕口令的文本，让大家练习嘴上功夫，培养节奏感。学生们觉得这种方式很新颖，手、脑、嘴要紧密结合，个个都认真练习起来。于是，课间教室内外到处都是清脆的快板儿声。经过一段时间的练习，我开始指导学生快板儿表演的姿态、手势、眼神和表情的方法和技巧。新年到来时，学生们已经能够在全校师生面前表演快板儿了。

自此以后，班里有近半数的学生买了《中华诗词集》，自己主动背起了古诗，有的还做起了汉语韵律方面的研究。他们说中华诗词是中国优秀传统文化，学背古诗使他们更了解中国，在与人聊天和写文章时都可以用上，汉语水平也有了很大的提高。此外，还有学生迷上了打快板儿，在参加国家汉办的“汉语桥”比赛时一展身手。

至于汉字书写的问题，我在学生习惯的泰文音位文字到方方正正的汉字之间增加了一个有趣又充满文化色彩的过渡练习——篆书。任教期间，我向学校申报了兴趣小组课，用来开展

“方寸之间”篆刻艺术体验活动。经过十个课时的篆书学习训练，学生们能够独立完成一幅简单的篆书书法作品了。之后，我再使用两个课时教学生们篆刻自己姓氏的印章。

我向学生演示篆刻过程。

学习篆书时，我带领学生观察、临摹篆书作品，讲解篆书特点及笔法。学生们在反复临摹练习的基础上，创作了“大同、师德、家邦、在水一方”等篆书书法作品。在篆刻技法课堂上，我从“方寸之间”这一主题切入，用较为初级的词汇简要讲解中国印章篆刻艺术的相关知识，带领学生欣赏名章、斋馆章、成语章、花押章以及生肖章，现场演示篆刻艺术从描形到刻制、修整的整套过程。学生们聚精会神地听讲并实战操作，用橡皮动手篆刻自己的印章，最后印在各自的书画作品上。

篆刻的体验和学习使学生们了解了汉字的历史演变与艺术魅力，极大地提高了他们学习汉字的兴趣。学生们还自发组织了书法社团，定期请专家老师举办书法讲座。在期末考试中，学生们在卷面上的优美字迹获得主管领导一致好评。

延伸思考

语言要素的教学必须与中国文化紧密结合，这样学生的学习才是积极而有意义的。综上，“快板儿汉语”培养了学生们汉语听说的韵律感，将表演形式与学习过程紧密结合，符合泰国学生多才多艺的特点；“方寸之间”篆刻体验活动借助篆书的笔画特点，拉近泰国学生与汉字的距离，让他们逐步喜欢汉字。同时，篆刻让学生深刻了解了中国书法艺术，使学生更喜爱中国文化。

参考资料

1. 曹瑞泰. 对外汉语教学中的文化要素析论[J]. 国际汉语学报，2010(1).
2. 钟英华. 语言习得内部技能系统与增效语言教学[J]. 天津师范大学学报（社会科学版），2009(2).

专家点评

打快板儿背古诗，篆刻学汉字，这都是通过文化活动增强学习兴趣的例子。作者煞费苦心想尽办法，为学生组织不同的文化辅助活动，显然取得了一定成效。这一案例说明老师本身的文化功底很重要。

国际汉语课需要找到文化和语言比例的平衡点。不占课时的文化活动应另当别论，但课内的文化活动应该积极推动，点到即止。做灯笼、刻剪纸、涂色块、折纸花常常出现在时间宝贵如金的汉语课堂上。诚然，这些活动有其必要性，但是文化传播可以有多种形式。潜移默化、细雨润无声的方法可能同样有效，甚至更有力量。老师着装的微妙变化（略带中华传统装饰，不需唐装），适时采用符合中国人性格的处事方法，讨论中餐的味道，细说成语（“掩耳盗铃”和“刻舟求剑”的不可思议），这些点滴行动只要有深度，耐人寻味，来得自然，都会触动学生敏感的文化神经。中学生已经初具分析能力，教给他们的文化知识不仅要有光亮的外形，也要有内在的文化价值，因为多方位探究视角更能激发学生们深入学习的动力。

案例60 中秋节，中韩大不同

何 静

教学地点 新加坡

教学对象 （1）年级：小学五、六年级

（2）国籍：韩国

（3）第一语言：韩语

教学任务 （1）向韩国学生介绍中秋节的由来和习俗。

（2）学生比较中韩两国中秋节的异同。

（3）学生学习课文《嫦娥奔月》的生词和句型。

案例正文

我走进教室，拿出切成小块的月饼放在盘中，一一发给孩子们品尝。我问孩子们："好吃吗？"，孩子们却异口同声地说："不好吃，没有松饼好吃。"

我一下子蒙了。按照我的设想，孩子们应该说好吃，然后我就能趁机介绍中秋节这个中国传统节日了。可看着孩子们一脸丝毫不好奇的样子，还在那里不停地聊闲天儿，我真想大喝一声，然后按我制定的教学任务继续介绍中秋节。可我意识到以孩子们目前的状态强制进行下去，他们很难对这节课产生兴趣。我该怎么办呢？

突然，我灵机一动，大声说道："哦，你们觉得松饼好，可老师觉得月饼更好吃。这说明，每个人都有自己喜欢和不喜欢的食物，对吗？"同学们大声肯定了我的说法。接着我又说："每个国家也是不一样的，所以啊，韩国的中秋节和中国的肯定也会不一样啊。比如说，你们爱吃松饼，中国人呢，爱吃月饼。那还有哪些不一样的地方吗？大家回去后好好想想。要是你们不清楚，也可以问问爸爸妈妈，明天来告诉老师。下面呢，我们先来学习一个关于中国中秋节的故事——《嫦娥奔月》。"

孩子们一下子来了兴趣，和我一起在剩下的时间认真地学习了《嫦娥奔月》的生词、句型

和课文。最后，我再简单介绍了一下中国中秋节的习俗。

第二天上课，我先带孩子们复习前一天学的内容，然后就将这节课的主导权交给孩子们。孩子们也是跃跃欲试，拿出自己准备好的笔记，抢着做第一个发言人。他们中有的笔记是中文、韩文并用的，有的还带来了从网上搜到的图片。他们高兴地介绍韩国的中秋节，家人聚集在一起祭拜祖先、穿上传统的衣服、吃松饼等等，越讲越兴奋，一副停不下来的样子。

后来我只能强行把主导权再拿回来。我先肯定了他们的分享，再重温上节课中国人过中秋节的一些习俗。接着我和孩子们一起找出两国中秋节的异同，这节课就这样圆满结束了。

课后分析 / 解决方案

在这个案例中，课程一开始并没有按照我预想的进行，虽然我可以忽略孩子们的反应，强行按照自己的教学设计完成教学，但是考虑到中国和韩国都有中秋节，可以有很多值得讨论和交流的地方，比如节日由来、节日意义、风俗习惯等，我认为这节课更适合开展讨论课，于是引导学生整理自己国家关于该节日的习俗文化，然后和学生一起讨论中韩两国中秋节文化的差异，从而顺利地完成教学任务。在和学生的讨论中，大部分都提到两国在食物和庆祝方式上的差异，即：韩国人吃松饼，中国人吃月饼；韩国人当天祭祖，中国人赏月。韩国学生的民族自豪感特别强烈，对自己的民族和文化有着特殊的骄傲。我在面对跨文化主题时及时调整了教学方案，既能调动学生的文化认同感，积极参与讨论，保证课堂教学效果，又能为他们提供独立思考和对世界文化产生认知的机会。

延伸思考

我们说一种语言一定隐含着特定的文化，所以语言的学习也是文化的学习。我们在对学生传播传统文化的时候，更多的是希望他们能产生文化认同感，加深对学习语言的兴趣。但是学生在学习其他文化的时候，一定会有意识地和自己的文化做比较，这样就会产生文化撞击，而撞击的结果无外乎三种：接受并理解、忽略或抵触。如果抵触严重的话，势必会影响到学习。

因此，老师如何处理这种文化冲突，让学生能以开放的心态去接受其他文化，避免出现文化休克，是非常重要的。只要孩子们具备了理解其他国家文化的意识，就会对其他国家的语言产生兴趣，在使用汉语时就能知其然，还能知其所以然。这样就会减少因为文化差异而造成的交际失败，避免产生挫败感。

要完成以上任务，老师就必须具备文化意识上的敏感度，采用不同的教学方式来完成教学目标。而这种文化敏感，是源自老师对本国文化的掌握，对他国文化的学习和了解。也就是说，老师的自我学习和完善也是非常有必要的。

参考资料

毕继万. 跨文化交际与第二语言教学[M]. 北京：北京语言大学出版社，2009.

专家点评

此案例老师能够灵活处理课堂上学生的突发状况，巧妙地转换话题，使课堂没有出现尴尬状态，非常成功。在教授有关文化方面的课程时，比较常用的方法是对比，在对比中找相同、相似，或完全不一样的3P（Product, Practice and Perspective），即物品、行为举止以及观点。给孩子们机会表达自己找到的结果是一种很好的互动活动。很多孩子对自己国家的文化了解不是很透彻，通过询问家长或者其他成人了解相关知识也是一种可取的方式。

在“课后分析/解决方案”中，老师着重分析自己做临时调整时的想法和结果，非常到位。老师不应过于强势而应该顺势，以求达到教学目的。在“延伸思考”中，老师提到了文化敏感的话题。作为国际汉语老师，能够了解不同文化，做到语言上精通，文化上敏感，是最好不过的。